KB143363

포스트
코로나
시대의
교 육

학교는 어떤 미래로 나아갈 것인가

포스트 코로나
시대의 교 육

학교는 어떤 미래로 나아갈 것인가

초판 1쇄 인쇄 2021년 11월 11일
초판 1쇄 발행 2021년 11월 22일

지은이 성열관, 고승선, 백선혜, 이하영, 한윤강, 김동화, 김현숙
류영미, 민수정, 박은희, 박재은, 윤보성, 이창재, 허연희
펴낸이 김승희
펴낸곳 도서출판 살림터

기획 정광일
편집 송승호, 조현주
북디자인 꼬리별

인쇄·제본 (주)신화프린팅
종이 (주)명동지류

주소 서울시 양천구 목동동로 293, 22층 2215-1호
전화 02-3141-6553
팩스 02-3141-6555
출판등록 2008년 3월 18일 제313-1990-12호
이메일 gwang80@hanmail.net
블로그 http://blog.naver.com/dkffk1020

ISBN 979-11-5930-203-9 03370

성열관 고승선 백선혜 이하영 한윤강 김동화 김현숙
류영미 민수정 박은희 박재은 윤보성 이창재 허연희

포스트
코로나
시대의
교   육

학교는 어떤 미래로 나아갈 것인가

살림터

차례

서장
포스트 코로나 시대의 교육

성열관

코로나 바이러스 재난이
교육에 남긴 교훈은 무엇일까?

모든 세계가 동시에 같은 문제를 겪는 일은 흔할까? 코로나 바이러스는 이런 흔하지 않은 현실을 우리 앞에 가져다 놓았다. 전 세계는 혼돈에 빠졌고, 국경은 폐쇄되었으며, 가게는 닫혔다. 가족과 친구들도 마음대로 만나지 못하고 있다. 이제 백신이 개발되고 접종이 진행되면서 희망의 서광을 비추고 있다. 우리가 다시 노멀로, 그러나 이전과는 완전히 달라질 뉴노멀로 돌아가기 전에 이번 재난이 우리에게 준 교훈을 잊지 말아야 한다. 아니 계속 기억하기 위해 노력해야 한다. 특히 이 재난 사태는 미래를 책임지고 이끌어 갈 학생들에게 어떤 교육을 더 강화해야 할지를 잘 알려 주고 있다.

먼저 이 사태는 모든 세계가 동시에 겪는 같은 문제로서 글로벌 연대감에 대한 교육을 더욱더 요구할 것이다. 또 각 국가에서는 평상시라면 주저했거나 위험을 감수하지 않았을 창의적인 아이디어를 실행할 것이다. 이러한 '현실 실험'(가상 실험이 아니라)은 집단지성과 숙의 능력 신장의 중요성을 환기할 것이다. 하지만 이러한 정부의 노력에도 불구하고 개인은 언제든지 역경과 위험에 처할 수밖에 없다. 이에 위험을 삶의 일부로 인정하고, 이를 극복할 수 있는 회복탄력성이 교육에서 더 중요해지고 있다. 이러한 상황에서 개인들은 스스로 삶을 개척하면서 사회적 이슈의 윤리적 딜레마를 해결할 수 있는 합리성과 공적 이성을 갖추어야 한다. 나는 코로나 바이러스 사태가 이러한 교육의 책임을 다시금 깨닫게 해 주었다고 생각하며, 적어도 다음 네 가지 측면에서 교훈을 도출할 수 있으리라 본다.

첫째, 이번 재난 사태에서 우리는 글로벌 연대의 중요성을 깨달았다. 이제 자라나는 아이들과 청소년들에게 이 연대의 중요성에 대해 잘 가르쳐 주어야 한다. 2020년 전반기에 코로나 바이러스가 급속하게 확산될 때 각 국가들이 맨 처음 한 일은 국경 폐쇄였다. 이러한 조치는 아이러니하게도 지구시민들이 국경을 넘어 얼마나 긴밀한 상호의존적 존재인지 깨닫게 해 주었다. 한편 이 사태는 혐오와 갈등을 낳았으며, 숨죽이고 있었던 인종주의와 극우 민족주의까지 표면에 드러나게 했다. 이 같은 현상이 극에 달한 상징적 사건이 트럼프 지지자들의 미국 국회의사당 점거였다. 이 사건은 실로 충격적이었다.

여기서 우리는 인종주의 정치가 얼마나 쉽게 부활할 수 있고, 동시에 민주주의가 얼마나 쉽게 무너질 수 있는지 깨달았다.

최근 세계 각지에서 민족주의와 독재정치가 결합하고, 민주주의 원칙을 무시하고, 고립으로 나가는 모습이 목격된다. 일부 지역에서는 이번 재난으로 이러한 현상이 더욱 강화되었다. 국가들은 서로 경쟁하며 자국의 보호를 위해 타국과 마찰을 빚기도 한다. 그러나 코로나 바이러스 팬데믹은 일국의 노력으로 해결할 수 있는 문제가 아니었다. 백신의 개발과 접종은 글로벌 연대와 협력의 기치 아래 이루어지고 있다. 이러한 연대를 통해 우리는 이 재난을 극복할 수 있다는 희망을 갖게 되었다. 글로벌 연대감은 국경의 봉쇄를 통해 많은 국가에서 확산을 완화했고, 의료 서비스를 제공했으며, 저개발 국가에 식량을 원조했다. 또한 전 세계 과학계가 협력하여 바이러스에 대한 정보를 공유하고, 백신을 개발하게 되었다. 그렇지만 일선 학교는 글로벌 연대감을 효과적으로 가르칠 준비가 아직은 미약해 보인다. 따라서 앞으로 우리가 코로나 바이러스 사태를 극복한다 할지라도 글로벌 연대감이라는 교훈을 잊어서는 안 될 것이다.

둘째, 이번 팬데믹은 우리에게 창의적인 아이디어에 대한 집단적 숙의를 요구했다. 이러한 요구는 '학생들에게 창의성과 숙의 능력을 길러 주기 위해 교육은 무엇을 해야 하는가'라는 질문을 던졌다. 한국은 그나마 팬데믹에 잘 대처했다고는 하나, 장기간의 경기 침체로 자영업자는 물론 많은 노동자들에게 큰 충격을 안겨 주었다. 이것은 고스란히 그 자녀들에게도 영향을 미쳐서 교육의 질, 정서적 만족감,

영양과 건강 등 삶의 다양한 측면에서 우려를 낳고 있다.

이에 대처하기 위해 정부는 가계소득의 감소분을 일부라도 보전하고, 안전망 아래로 빠져 버리는 시민이 없도록 긴급재난지원금 등 다양한 정책을 실시하고 있다. 이때 시민들은 지원금은 얼마로 정해야 하는지, 누가 부담할 것인지, 누가 먼저 받을 것인지 등 다양한 논의에 참여해 왔다. 또한 이전에도 논의되었지만 크게 주목받지 못했던 기본소득 문제가 전면에 부상한 것도 어쩌면 이 사태의 부수적 효과일 것이다. 모든 사회 구성원들에게 배경과 상관없이 동일하게, 정기적으로 일정한 양의 소득 또는 수당을 지급한다는 생각은 매우 창의적인 것이다. 그래서 집단적 토론을 거쳐야 하는 과제이다. 이것이 의도하지 않은 긍정적 결과가 될지도 관심이지만, 더 중요한 것은 이번 재난이 자라나는 후속 세대에게 창의적인 생각에 대한 집단적 숙의 능력을 길러 주어야 한다는 교훈을 제공한다는 점이다.

셋째, 이번 재난은 많은 이들에게 역경과 실의를 안겨 주었다. 그 속에서 위험과 함께 살아가는 시민들의 주도성과 회복탄력성이 주목받고 있다. 한국은 어느 정도 예외적이었으나 많은 이들이 가까운 가족을 잃고, 자신이 확진되기도 하고, 또 경제적으로 고통받고 있다. 앞으로 이러한 재난의 일상화와 불안정성이 더 가속된다면, 시민들에 꼭 필요한 능력이 회복탄력성과 주도성일 것이다. 이것은 개인들이 살면서 어려운 상황에 처하더라도 자신에 대한 긍정적인 확신을 바탕으로 위험에 대응하고, 주변의 자원을 활용하여 상황을 극복해 나갈 수 있는 능력이다. 이러한 회복탄력성은 개인의 노력만으로는 갖추기 어렵다. 위험에 처한 개인들이 사회적 자원을 쉽고 효과적으로 이용할 수 있으려면 사회가 상호의존적 협력 체제를 갖추어야 한다. 민주주의는 시민을 존중하는 협력 체제이기 때문에 그들이 자긍심을 느끼게 하고, 민주주의에의 참여를 경험함으로써 자신감을 갖게 한다. 자긍심과 자신감을 지닌 사람들은 회복탄력성 또한 높다. 이번 재난은 자라나는 아이들에게 민주주의 경험을 충분히 제공하여, 회복탄력성을 지닌 미래 시민으로 성장할 수 있도록 도와주는 것이 얼마나 중요한 과업인지 깨닫게 해 준다.

넷째, 이번 재난은 다양한 윤리적 딜레마를 만들어 냈는데, 무엇보다 교육에서 윤리적 추론 능력의 신장이 얼마나 중요한 것인지 깨닫게 해 주었다. 오늘날 이러한 딜레마는 실험 상황이 아니라 실제 상황 속에서 던져졌다. 보통 윤리학자들은 실험 상황에서 윤리적 딜레마를 이용하곤 한다. 샌델Michael Sandel의 트롤리 딜레마나 콜버그Lawrence Kohlberg의 하인즈 딜레마 등이 그것이다.

팬데믹 상황에서 시민들의 책임(마스크 착용, 집합금지 등)은 어디까지인가? 의료인력과 자원이 부족한 상황에서 누가 먼저 그 서비스를 받을 권리나 자격이 있는가? 바이러스 확산을 막기 위해 확진자의 프라이버시나 의무사항을 어느 정도 강제하는 것이 바람직한가? 누가 먼저 백신을 맞을 것인가? 이처럼 많은 윤리적 딜레마를 사회가 해결해 가야 했다. 그 와중에 공공의료 확대 차원에서 정부가 제안한 공공의대 설립과 의과대학 정원을 늘리려는 방안은 대한의사협회(의협) 등 의사들의 반발을 낳았고, 우리 사회 전체가 지루한 갈등과 대결을 한차례 겪었다. 일단 팬데믹 상황에서 이 논의는 어느 정도 유예하자는 식으로 봉합되었으나, 그 해결은 여전히 과제로 남아 있다.

나는 이 상황을 지켜보면서 과연 우리가 이러한 문제를 윤리적으로 해결할 수 있는 지적인 힘과 교양이 충분한 사회에 살고 있는가? 그렇지 않다면, 학교에서 아이들에게 합리적 토론 능력과 공적 이성을 길러 주어야 하지 않을까 생각했다. 미래 시민인 오늘날의 학생들에게 윤리적 추론 능력과 공적 이성에 대한 교육은 실로 더 중요해졌다.

위에서 살펴본 것처럼 우리는 글로벌 사회의 시민으로서, 국민으로서, 실존적 개인으로서, 합리적 사회 구성원으로서 이 사태를 극복해 가고 있다. 교육에서도 균형적인 시민을 길러 내려 노력해야 한다. 지금 이 전대미문의 사태가 한동안 다시 오지 않을 것이라 장담하는 사람들을 찾아보기 어렵다. 언제든지 또 발생할 수 있는 사태로 보는 이들이 더 많다. 이러한 현실은 미래 세대에게 글로벌 연대감과 책임감이 얼마나 중요한지 역설하고 있다.

그동안 국내에서는 우리가 의식하지 못했을지라도 창의적인 아이디어에 대한 집단적 숙의가 계속해서 일어났다. 그 과정에서 민주주의의 중요성이 다시 한번 빛났다. 민주주의가 중요한 이유는 그것이 중요한 가치일 뿐만 아니라 민주주의가 구성원들에게 안전과 유익을 가져다주기 때문이다.

민주주의를 지키기 위해서는 공적 이성과 윤리적 추론 능력을 길러야 한다. 콜버그의 '하인즈 딜레마'는 아내의 목숨을 살리기 위해 돈이 부족한 남편 하인즈가 신약을 독점한 약국에서 약을 훔쳐도 되는지에 대한 학생들의 윤리적 판정 방식을 살펴보기 위해 사용된다. 그런데 학생들의 윤리적 수준을 평정할 때, 하인즈가 약을 훔치든지 안 훔치든지는 중요하지 않다. 학생들이 제시하는 정당성이 단지 준법정신을 넘어서 얼마나 인권이나 보편 윤리에 근거하는지가 중요하다. 감염병의 창궐과 같은 이번 재난은 하인즈 딜레마와 같이 가상적 상황이 아니라 실제 상황에서의 윤리적 딜레마로 우리 앞에 던져졌다. 교육은 이에 대해 인간의 존엄성이나 헌법과 같이 높은 기준으로 추론할 수 있는 학생을 길러 내야 할 것이다. 나는 이것이 코로나 바이러스 재난이 우리에게 준 가장 중요한 교훈이라 생각한다.

이 책의
의의

이 책은 현장 교사들과 내가 지난 2년 동안 학습하고, 실천하고, 집필한 결과로 세상에 나오게 되었다. 이 기간은 코로나 바이러스 재난 시기와 거의 겹친다. 세계는 전대미문의 재난을 경험했고, 많은 교훈을 얻었다. 세계적인 석학을 비롯해 많은 이들이 문제를 분석하고, 과정을 기술하고, 교훈을 도출하고, 대안을 제시했다. 우리 역시

이 책을 세상에 내놓음으로써 이러한 담론의 일부가 되었다.

이 책은 코로나 바이러스 재난이 교육에 준 교훈을 미래교육에 담자는 목적으로 집필되었다. 그래서 이상에서 언급한 바와 같이, 글로벌 연대와 지속가능한 발전을 위한 교육, 코로나 바이러스 재난이 벌려 놓은 격차를 줄이기 위한 수업, 모든 학생의 성장을 목적으로 하는 평가, 이를 위한 학교와 교사의 역할, 학생주도성, 회복탄력성을 길러 주기 위한 안전망, 창의적이고 윤리적인 사고력 신장 등 이번 사태의 교훈과 미래교육의 과제를 접목시켜 보고자 했다.

교육계에서도 코로나 바이러스 재난을 학교에서 극복한 경험과 포스트 코로나 시대의 교육을 화두로 많은 논의가 진행되어 왔다. 지금 우리는 이 책이 기존의 논의에 많은 도움을 줄 수 있을 것이라 기대한다.

그렇게 생각하는 이유는 첫째, 우리는 장기간에 걸쳐 이 문제에 대해 고민하고, 경험을 나누고, 집필에 노력을 기울였다. 오랫동안 노력했다는 것은 그 자체에서 중요한 메시지가 나올 것이라는 기대를 낳게 한다. 이 책의 제목인 '포스트 코로나 시대, 학교는 어떤 미래로 나아가야 하는가'라는 질문에 대답하기 위해 우리 저자들은 장시간 토론을 지속했다.

둘째, 우리는 현장에서 직접 실천한 것을 토대로 이 책을 저술했다. 따라서 우리가 내놓은 메시지의 현장 타당성이 갖추어졌을 것이라 믿는다. 이 책에서 다루고 있는 지속가능한 삶을 위한 교육 실행(2장, 고승선), 학교와 지역사회의 만남으로 교육의 지평 확대 경험

(3장, 민수정), 모든 학생의 성장을 위한 수업 설계(5장, 허연희), 학습 격차 해소를 위한 개별화 수업 실천(6장, 이하영), 모든 학생의 성장을 지향하는 평가(7장, 백선혜) 등 대부분의 글은 우리의 실천을 바탕으로 집필되었다.

셋째, 우리는 기존의 단편적인 접근에서 벗어나 포스트 코로나 시대의 교육 방향에서부터 수업, 평가, 교사의 역할까지 종합적으로 접근했다. 종합적인 교과서를 찾는 사람들에게는 이 책의 구성이 도움이 될 것이다. 포스트 코로나 시대, 우리가 나아갈 미래는 어떤 방향인가(1장, 한윤강)를 분명히 정하고, 저자들은 교사 리더십(8장 박은희), 학교장 리더십(9장, 박재은), 교사학습공동체의 역할(10장, 류영미)을 미래교육의 관점에서 재진술하고자 했다. 또한 위험사회의 등장과 함께, 빈곤과 같이 학생의 성장을 방해하는 요인에 적극적으로 대처하기 위해 아이들을 위한 안전망 구축의 과제(11장, 김동화)도 깊이 다루고자 했다.

넷째, 우리는 단순히 기술 변화에 적응하는 것 이상으로 매우 적극적이고 주도적인 미래상을 제시했다. 이 책에서도 강조했듯이 미래교육이 발전하는 기술 변화에 적응하는 것도 중요한 과제이다. 이에 대해서는 12장(윤보성)에서 잘 다루고 있다. 한편 우리는 기술에의 적응을 넘어, 공존, 글로벌 책임감, 높은 윤리적 사고, 모든 학생들의 수월성, 학생주도성, 민주주의, 변혁적 역량 등 새로운 미래를 적극적으로 열어 가는 키워드를 사용했다. 특히 학생주도성은 4장(김현숙)에서, 민주주의의 장으로서 학교자치는 13장(이창재)에서 다루었다.

더욱 적극적인 시민성을 중시하는 독자들에게 이 책이 도움이 될 수 있을 것이다.

우리와 함께 코로나 바이러스 재난을 겪으면서 극복해 온 모든 시민이 이 책의 독자가 될 수 있지만, 그중에서도 교사들은 매우 중요하다. 우리는 '전국의 교실에서 아이들을 만나고 있는 교사들이 이 책을 읽는다면, 어떤 이야기를 해야 할까'를 생각하면서 이 책을 썼다. 어느 날 이 재난이 끝나더라도 그동안의 교훈을 잊지 말고, 포스트 코로나 시대의 교육을 같이 펼쳐 나가자는 심정에서 이 책을 세상에 내놓는다.

1부

학교교육이
나아가야 할 미래

1장
우리가 나아갈 미래는
어떤 방향인가?

한윤강

미리 경험한
미래교육

코로나 바이러스 확산으로 학교는 멈추어 있었다. 2020년 5월 13일 두 달의 공백을 깨고 고등학교 3학년부터 순차적으로 등교하게 되었다. 우리는 학교-마을-지역-세계로 물리적 공간의 확장 수준을 벗어나 온-오프라인을 넘나들며 시간을 초월하는 학교교육의 변화를 체감했다. 이제 학생들은 실시간 원격수업과 함께 원하는 시간에 원하는 강의를 선택하고 반복하여 공부할 수 있으며, 다양한 교육 콘텐츠를 온라인 상황에서 쉽게 활용할 수 있다. 교사는 학생 맞춤형 교육과정을 수립하고 적용하도록 요구받는 동시에 미디어 리터러시 및 정보소양교육을 병행하며, 새로운 교육 환경에 적응해야 했다. 미처 경험해 보지 않은 바다에서 고군분투하며 유영해 왔지만 다가올 학교교육의 미래는 여전히 가늠할 수 없다. 또한 상황이 종식되더라도 코로나 확산 이전으로는 돌아갈 수 없다는 사실도 알고 있다. 이제 미래교육에서 학교와 교사의 역할 변화를 심각하게 고민해야 하는 시점이다.

코로나 바이러스 재난 시기에 학교에서 나타난 현상을 간략하게 기술해 보자. 학생이 학교 공간을 벗어나 비대면 원격수업을 하는 일이 뉴노멀이 되었다. 등교수업 기간, 친구들과 교실에서 대면수업을 할 때조차 사회적 거리두기 등 방역 수칙이 우선되었다. 아이들이 학교교육에서 공동체로서의 생활 방식이나 협력적 배움과 같은 일상을 경험하는 일은 쉽지 않았다.

교사 사회에서는 디지털 전문성에 대한 역량과 함께 동료 간 협력의 다양한 형태를 경험했다. 그동안 교사학습공동체 및 학년연구회, 교과연구회가 학교에서 활성화되고 학교 밖 네트워크로 활발하게 확장되는 중에 재난 상황을 맞았다. 학교마다 다른 환경에서 교사들은 교실이라는 각자의 동굴로 들어가기도 했다. 반대로 위기 상황에 대처하느라 교사들끼리 수업을 함께 준비하며 동료 간 협업이 늘어나는 것을 경험하거나 새롭게 만난 랜선 동료들과 진지한 토론과 교류도 할 수 있었다.

학교민주주의 측면에서 보면, 학생자치나 학부모 참여가 잠시 요원해졌다. 최근 교사-학생-학부모가 함께 학교교육과정을 만들어 보려는 시도가 혁신학교를 중심으로 확산되는 추세였던 것을 보면 아쉬움이 있다. 그렇지만 학교는 온라인으로 새롭게 만들어 내는 참여와 소통의 문화를 고안하며 실험하는 중이다.

우리는 미래의 학교교육에서 학생 한 명 한 명이 필요로 하는 돌봄을 지원하고, 개별적으로 배움에 이르는 다양한 경로와 방법을 찾아낼 수 있을 것이라 기대하고 있다. 그러나 미래교육이 단지 에듀테크 기술이 발전된다고 해서 이뤄 낼 수 있는 일이 아님을 알게 되었다. 교사와 학생이 대면할 수 없는 상황에서 기술적으로 비대면 학습 공간에 데려다 놓을 수는 있지만 학교교육과정을 정상적으로 운영하는 것은 불가능하기 때문이다. 결국 발전된 기술이 학교생활에서 공동체로서 누릴 수 있었던 사회적 경험을 대체할 수는 없다는 것을 경험으로 확인했다.

조윤정과 박휴용[2020]은 온라인 수업 후 학생 간 학습격차는 커졌고, 교육의 빈익빈 부익부 현상을 낳으며 공교육이 오히려 교육격차를 심화시키고 있다는 비판을 받는다고 기술하였다. 또한 장애 학생이나 다문화 학생, 부모가 학습을 온전히 돌보지 못하는 학생들이 배움의 사각지대에 놓임으로써 배움의 지체현상이 가속화되고 있다고 보았다. 코로나19는 우리 삶의 양태를 근본적으로 변화시키는 전환점이 되면서 우리가 당연시했던 가치와 생활 양식에 대해 성찰하는 계기가 되었고, 교육, 생태와 환경, 시민성 등의 영역에 많은 변화를 가져왔다.

포스트 코로나 시대, 앞으로 인간은 인간을 둘러싼 생태와 어떻게 관계를 맺고, 온라인과 오프라인 세상에서 어떤 시민으로 살아가도록 교육해야 할 것인가?

코로나 바이러스 재난이
우리 교육에 주는 교훈

학교와 교육의 역할은 본래 무엇이었나? 코로나 바이러스 재난을 겪으며 우리는 서로에게 물음을 던졌지만 혼란스러웠다. 그러나 분명한 것은 학생이 있고 교사가 있다면, 시골 마을의 트럭 위거나 부유한 나라의 잘 갖춰진 사이버 공간이거나 상관없이, 그곳이 곧 학교라는 것이다. 우리는 배우려는 학생이 있고 이 아이들의 성장을 돕는 교사가 있으면 어디서든 교육이 이루어질 수 있다는 자연스럽고 단순한 이치를 깨닫게 되었다. 애초에 교육은 물리적 공간이나 정책과 제도에 있지 않았다. 교육의 의미는 사람이 사람을 만나 배움을 통해 유적 존재Gattungswesen가 되는 데 있다. AI가 지식과 기능을 전할 수는 있어도 인간의 존엄과 평등을 구현해 내지는 못한다.

코로나 팬데믹이라는 전 지구적 재난 상황에서 발생한 고립과 소외, 우리가 교육적으로 지향하던 교사와 학생의 주체성과 자율성에 대한 위협, 협력의 가치 전복과 인간성 상실, 야만적인 각자도생 등 현재 나타나고 있는 공존의 위기는 개개인이 극복할 수 있는 것이 아니다. 시민들의 연대와 협력, 소통이 중요하며 공공선에 가치를 두고 공동체가 함께 극복해야만 가능한 일이다.

이러한 위기 상황에서 우리는 공존과 연대의 가치를 어떻게 담아낼 수 있을까.

신자유주의는 교육이 자본에 종속되어 소비사회에 기여하는 자원으로서 인간 '역량'을 강조한다. 교육 그 자체가 인간으로 살기 위함이 아니라 생산력을 위한 도구로 사용된다. 교육이 도리어 인간성 상실에 기여하게 되는 것이 '신자유주의의 역설'이다. 그러나 인간은 자원이 아니다.^{최동석, 2013} 기계처럼 소모하거나 대체할 수 없으며 그렇게 여겨져서는 안 된다.

교육과정에서 시민성 논의는 인간에 대한 고찰보다는 시민이 갖추어야 할 자질에 주목하기 때문에, 시민이 무엇이고 어떻게 시민을 길러 내야 하는지에 대한 기술적이고 방법론적인 고민만 남는 결과를 가져왔다.^{박승규, 2009} 이에 대해 이호준과 김봉석²⁰²⁰은 '포스트 휴먼 인간상'을 제안하였다. 인간과 비인간의 데카르트적 이항대립적 구도나 인간 중심, 계몽주의 등 근대적 휴머니즘을 벗어나 현재 겪고 있는 급격한 변화에 어울리는 새로운 구조를 모색해야 한다는 것이다. 시민은 공동체와 공공선, 사회적 정의, 숙의와 참여민주주의의 정치적 열망, 사회 변화 대응 등 실제와 목적을 아우르는 주체이다. 라투르^{Latour, 2010}의 '행위자 네트워크 이론^{Actor-Network Theory: ANT}'에서 '비인간 행위자'에 대한 담론과 그루신^{Grusin, 2015}의 '비인간적 전환^{the nonhuman turn}' 개념은 '인간이 아닌 것'을 배제하지 않음으로써 인간과 비인간이 함께 공존하는 세계에 대한 새로운 관점을 제공한다. 이는 지금까지 배제되었던 비인간 요소들과 관련된 문제로까지 시민성의 외연을 넓히는 데 기여하게 된다. 다양한 주체들의 보편적 존엄과 권리로 확장되면서, 보다 역동적이고 확장적인 시민성 담론을 만들어 낼 수 있다. 복잡한 현대 사회를 이해하고 미래 사회 변화에 탄력적으로 대응하기 위해 포스트 휴먼으로서의 시민성 전환이 필요하다. 숙의와 참여에 대한 열망을 강화하는 실존적 시민을 지향하고 기대하는 것이다.

다시 말해 인간 중심이 아니라 인간과 인간이 아닌 것이 함께 공존하는 것, AI와 과학기술, 동물, 생태환경적 요소까지 서로 연결되어 영향을 주고받음을 인지하고 우리는 생각을 확장할 수 있게 된다. 다양한 개체들이 동등하고 평등하게 논의되는 공존의 시민성을 바탕으로 한 민주주의는 보편적 존엄을 추구할 뿐만 아니라 미래의 다양한 사회 문제에 대해 참여와 실천을 모색하는 바탕이 될 수 있다.

연대에서 주목할 점은 수평적 관계를 기초로 하는 협력이다. 수직적인 톱-다운 구도에서 권한의 불균형, 일방적으로 권력이 집중되는 경우 각 주체에게 평등을 기초로 한 연대가 성립되지 않는다. 주체로서 일대일의 동등한 권리와 참여를 인정하는 것이 연대의 전제 조건이라는 점에서 연대는 협력이나 협동과 일부 개념상 차이가 있다. 학생과 교사, 교사와 동료 교사, 교사와 교직원, 교사와 학부모(보호자), 교직원과 시민, 학부모와 시민은 모두 직무나 역할은 다르지만 전체 공동체의 일원으로서 정책 결정에 참여할 권리를 갖고 연대할 수 있다. 학교 구성원들 간의 연대, 학생들의 연대와 자치, 집단으로서 연대, 사회 구조 안에서의 연대에서 구성원들은 다양한 소통

방식을 겪게 될 것이다. 교육과정을 통해 이러한 삶의 장면을 앎으로 다루고, 다시 각자의 삶에서 실천하는 경험을 하게 된다.

『삶을 위한 수업』2020에서 덴마크 교사 킴 륀베크kim lynbech는 교실의 위계질서에 주눅이 들고 적응하지 못했던 학창 시절을 보냈다고 고백한다. 그는 교사가 되어 다짐한다. 칠판에 서서 민주주의를 가르쳐서는 건강한 시민으로 자랄 수 없다고 믿기 때문에 학교를 학생들과 교사가 같은 공동체로서 함께 체험하고 구현하는 곳으로 만들려고 노력한다. 학생은 수업에서 민주주의적 소통과 민주주의 작동 원리를 익힌다. '당당히 말하기'와 '조용히 들어주기'를 훈련하여 '다른 입장에 서 보기'를 연습한다. 계속해서 참여하고 선택하고 선택의 결과를 받아들이는 문화를 학교 시스템으로 이어 가고, 아이들은 자신들을 둘러싼 세상이 바뀌는 것을 보면서 민주주의 시스템의 참맛을 느끼게 된다.

'아하, 우리의 의견이 중요하구나!'

교사에게도 연습이 필요하다. 교실과 학교, 직장 동료들, 학생들, 학교를 둘러싼 공동체와 함께 민주주의를 경험하고 서로에게 배우며 공동체의 삶을 살 수 있어야 한다.

현재 우리 사회에 만연하고 있는 혐오나 차별, 경쟁, 개인주의, 능력주의의 방식으로는 결코 우리가 가진 공동체의 문제를 해소할 수가 없다. 오히려 인간 사회의 고립과 갈등을 더욱 심화시킬 뿐이다. 경제적으로 잘살고 못사는 나라를 떠나서 백신이 고루 주어져야만 인류 공동의 문제에서 탈출할 수 있는 것처럼, 인간의 보편적 존엄과 윤리적 관점을 갖춘 시민교육을 교육과정으로 풀어내야 한다.

인간이 공통적으로 겪고 있는 가난과 불평등의 문제들로 인해 인간의 존엄성이 훼손되지 않도록 인류에게는 연대의 책임이 있다. 우리는 수업에서 함께 살아가기 위한 방법을 찾아보고, 기본소득과 같은 창의적인 해법과 다양한 담론을 형성하며 토론할 수 있다. 여러 이익이 상충하는 가운데 학교에서 숙의민주주의를 연습하며, 함께 성숙한 공동체를 만들고자 노력하고 경험할 수 있을 것이다.

정리하자면, 교육과정의 내용으로서 공존은 '인간이 아닌 것'들과의 공존까지 확장되는 개념이다. 인류는 앞으로도 다양하고 복잡한 문제들과 위기 상황을 겪을 것이라 예상되는데, 공존과 연대의 가치를 바탕으로 변화를 주도하고 문제를 해결할 수 있는 역량을 기르는 것이 중요하다.

교사는 공존과 연대의 시민상을 이해하고, 교육과정으로 재구성하며 동시에 교육과정을 실현하는 주체로서 움직일 수 있어야 한다. 이를 위해 교실과 학교에서 벌어지는 모든 일이 민주주의 방식으로 이루어져야 할 것이다.

학교가 나아가야 할 미래

저자들은 2년간의 학습과 토론을 통해 이 책을 세상에 내놓게 되었다. 학교에서 코로나 바이러스 팬데믹 상황을 이겨 내며 초등과 중등 교사들이 머리를 맞대어 이 재난이 우리에게 어떤 교훈을 던지고 있는지 알아보았다. 또 우리 학교교육이 나아가야 할 미래는 어떤 미래인지에 대해 밝혀 보고자 했다. 그동안 우리의 토론을 정리해 보면 [그림 1-1]과 같다.

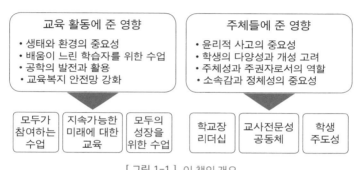

[그림 1-1] 이 책의 개요

먼저 우리가 이 재난을 통해 더 깊이 깨달은 바가 있다면, 지구사회의 연대와 생태, 환경의 중요성이다. 또 배움이 느린 학습자에 대한 배려, 교육복지 안전망의 강화, 그리고 공학의 발전과 활용이 중요하다고 보았다. 우리는 이와 같은 깨달음을 통해 교육과정, 수업, 평가라는 주요 교육 활동이 어떤 방향으로 변화해야 하는지에 대해 밝히고자 하였다. 그리고 이 재난은 학교장, 교사, 학생이라는 주요 교육 주체들에게도 윤리적 사고, 다양성과 개성, 학생주도성이 얼마나 중요한 개념인지 상기시켰다. 이러한 과정을 통해 학교 공동체가 학생들에게 소속감과 긍정적 정체성을 제공할 수 있어야 한다는 결론에 이르게 되었다.

이 책의 1부에서는 미래교육의 화두로 공존과 연대의 가치를 어떻게 교육과정으로 담아낼 것인가에 대해 논의하였다. 비인간적 존재까지 공존하며 보편적 존엄을 추구하는 확장된 시민상을 제시하고, 교육 주체들의 수평적 연대를 통해 학교에서 민주주의적 방식을 실제로 경험하면서 공존과 연대의 시민성을 기를 수 있다고 보았다. 그리고 지속가능한 삶을 위해 생태학적으로 사유하고 삶의 근본적인 자세를 전환할 것을 촉구하며, 생태 시민을 기르는 환경교육을 수업으로 실천하였다. 한편 교실을 벗어나 학교와 지역, 마을이 어떻게 상호작용해야 하는지 성찰하고, 아이들이 지역사회를 개선해 나가는 시민으로 성장할 수 있도록 마을교육과정을 실제 학교에서 적용해 본 사례를 펼쳐 보았다.

2부에서는 지금 우리가 처한 현실에서 수업과 평가가 어떻게 이루어지고 있는지 교사의 시각으로 살펴보고, 학생이 미래교육의 주체로 성장하기 위한 방향을 모색하였다. 온라인 수업과 오프라인 수업에서 학생의 자기주도적 역량의 중요성과 주체적으로 문제를 해결할 수 있는 역량으로 학생주도성student agency을 제시하였다. 교사는 위기 상황에서 소통과 협력을 통해 집단지성을 발휘하며 포스트 코로나 시대를 대비할 수 있음을, 그동안의 경험을 통해 밝혔다. 또 학습 격차를 해소하기 위해서는 학생의 다름과 다양성을 인정해야 함을 주장하며, 학생이 학습에 대한 선택권을 갖도록 하여 맞춤형 수업을 실제 적용해 본 결과를 소개하였다. 그리고 우리 사회에서 당연하다고 생각되었던 평가 관행의 문제점을 밝히고, 미래교육에서는 학생의 성장 가능성을 중심에 두고 다양한 기회와 도움을 주도록 평가의 패러다임이 바뀌어야 함을 촉구하였다.

3부에서는 미래교육에서 교사의 역할을 조망하고 학교장이 갖추어야 할 리더십을 제안하였다. 앞으로 교사는 학생과 실존적 관계를 맺으며 학생과 함께 성장해야 하고, 삶에 대해 교사와 학생이 묻고 답하기를 멈추지 말아야 한다. 이에 교사는 모두 앎과 삶, 그리고 학교와 사회를 연결하는 전문가가 될 수 있어야 한다. 교육이라는 공공 자원을 공유함으로써 그 혜택을 모두가 함께 누려야 하고 행복한 시민으로 살아갈 것을 기대하는 것이다. 한편 학교장은 학교교육을 통해 실현하려고 하는 비전을 학교 상황에 맞게 제시하고 유지할 수 있어야 한다. 의사결정과 선택의 기준이 되는 비전을 갖추고, 편견이 없는 상태에서 총체적이고 종합적으로 파악하는 통찰력을 발휘함으로써 교사의 수업과 학생의 성장 및 발달을 지원하는 역할을 해낼 수 있다. 더불어 민주적인 대화와 소통, 구성원들을 화합시키는 실천적 리더십이 학교장에게 요구된다. 그리고 교사가 변화의 중심에서 주체적으로 성장하는 방안으로 교사학습공동체의 실제 운영 사례를 소개하고 역할을 조명하였다. 코로나로 인한 교육의 위기 상황에서 발 빠르게 대처할 수 있었던 힘은 교사의 연대와 협력, 공존의 결과일 것이다. 교사협력의 질을 높여 교육의 질을 담보해 내기 위해 지속가능한 교사학습공동체를 어떻게 만들고 준비해야 하는지 논의하였다.

4부에서는 교육복지 안전망에 대한 현재의 정책들을 살펴보고, 학교에서 실제 경험한 사례를 바탕으로 아이들을 위한 안전망을 어떻게 구축해야 할 것인지 제안하였다. 지금처럼 교육 환경이 급격하게 변화될수록 교육격차는 더욱 커진다. 따라서 교육과 복지를 밀도 있게 연계하여 교육복지 안전망을 구축하고 취약 계층을 지원하는 것이 공교육의 책무이다. 또한 변화하는 교육 환경에서 에듀테크 Edu-Tech를 맞이할 준비가 되어 있는지 학교 사례를 바탕으로 점검하고 미래 학교의 모습을 조망하였다. 미래 학교에서는 디지털 수업 환경이 갖춰지고 발전된 공학 기술과 기기들을 활용한 수업이 일상화될 것으로 예상된다. 그러나 기술은 학생의 성장을 위한 학습 도구로서 가치가 있는 것이지 그 자체가 교육이 될 수 없다. 따라서 온라인과 오프라인의 장점을 혼합한 블렌디드 러닝을 구상하고 다양한 디지털 매체를 활용하여 최상의 학습 환경을 조성해 주는 것이 필요하다. 한편 코로나19가 학교자치에 어떤 변화를 가져왔는지 분석해 보았다. 앞으로 학교자치의 방향은 학교교육공동체의 구성원(학생, 학부모, 교직원, 지역 주민)이 학교교육 운영에 관한 권한을 갖고, 교육공동체가 지향하는 목적을 달성하도록 지원해야 할 것이다.

  이 책은 우리 교사들이 학교현장에서 코로나 바이러스로 인한 학교교육의 위기를 겪으며, 교육 활동과 교육 주체에 준 영향을 중심으로 살펴보고 성찰한 내용을 정리한 것이다. 포스트 코로나 시대를 대비하기 위한 방안으로 교육 활동 면에서 모두가 참여하는 수업, 지속가능한 미래에 대한 교육, 모두의 성장을 위한 평가를 실연

해 보았다. 미래교육을 준비하기 위해 교육 주체 면에서 학교장 리더십, 교사전문성공동체, 학생주도성에 대해 고찰하였다.

이 책을 쓰면서 나는 공존과 연대의 가치가 왜 중요하고, 공존과 연대를 담는 교육과정을 어떻게 만들어 갈 것인가에 대해 고민해 보았다. 끝으로 미래를 살아갈 아이들과 시민 스스로를 위해 공존과 연대의 가치를 교육으로 담아내야 이유를 역사학자 미슐레의 『민중』[2021]으로 대신한다.

> "삶은 삶을 비추고 삶에 끌릴 뿐 고립에 의해서는 소멸한다. 삶이 자신과 다른 삶과 섞이고 다른 존재와 연계될 때 그것은 더 큰 힘과 행복과 풍요 속에 존재하게 된다. 식물인지 동물인지 확신할 수 없는 생명계의 척도에서 낮은 곳의 불쌍한 존재로 내려가면 당신은 고독 속으로 들어간다. 이 비참한 존재는 서로 간에 거의 어떤 관련도 없다."

지금 우리 교육이 각자를 고립된 존재로 만들고 있는지, 더 큰 힘과 행복 속에 존재하는 인간으로 자리매김하게 할 수 있는지에 대해서 "입을 열고, 마음을 열고, 함께 이야기"하여 바꾸어 나가길 희망한다.

2장
지속가능한 삶을 위한 교육,
어떻게 할 것인가?

고승선

코로나 팬데믹과
생태환경의 중요성

치사율과 감염력이 높은 코로나19 바이러스와 같은 인수공통감염병들의 출현은 인간의 무분별한 환경 파괴와 산림의 훼손에서 비롯되었다고 한다.서울신문, 2020. 3. 30.

많은 전문가들은 이번 코로나 팬데믹 사태를 '자본주의·산업화 일변도인 현대 문명에 대한 자연의 반격'이라고 진단했다.한겨레, 2020. 5. 19.

인간들의 전유물인 양 개발과 성장이라는 이름 아래 자행되었던 지구 환경의 파괴와 훼손의 결과가 부메랑처럼 인간에게 되돌아왔다.

코로나 팬데믹은 우리의 삶에 제동을 걸었고, 전면적이고 본질적인 변화를 요구했다. 당연했던 우리의 일상은 시간이 흐른다고 저절로 회복되지 않는다. 공동체가 한마음으로 협력하고 노력해야만 비로소 되찾을 수 있다. 코로나 종식 이후 우리가 누리게 될 일상은 과거의 것과 같지도 않겠지만 같아서도 안 될 것이다. 우리는 코로나 팬데믹으로 인해 우리가 다른 존재들과 얼마나 밀접하게 연결되어 있는지 알게 되었다. 다른 존재들의 안녕이 내 삶에 지대한 영향을 끼치고 있음을 체감했다. 지금의 위기가 인간에 의해 훼손된 지구 환경과 기후위기에서 비롯된 것이라면 우리는 지구 생태계가 건강한 복원력을 발휘할 수 있도록 우리의 삶의 양식과 태도를 생태적으로 전환해야 할 것이다. 그것이 나와 내가 속한 사회가, 나아가 미래 세대가 지속가능할 수 있는 유일한 길이 될 것이다.

생태적 전환을 위한
교육의 필요

지금까지 학교는 자본주의 산업 문명의 논리를 내면화하도록 가르쳤다. 산업 문명의 논리에 따르면 인간의 욕망은 무한하고 자원은 한정되어 있기 때문에 경쟁은 불가피하다. 경쟁의 결과에 따라 자원의 분배가 달라지고 더 많은 자원과 에너지를 소유하고 소비함으로써 좋은 삶이 가능하다고 믿는다. 그리고 학교는 경쟁에서 우위를 점하기 위해 경쟁력을 기르고 그 능력을 서열화하는 장소로 작용해 왔다.

그러나 코로나 팬데믹 이후 우리는 생존의 문제를 심각하게 고민해야 했고, 경쟁이 아닌 더불어 살아가는 능력, 이웃과 자연을 배려하는 능력, 자기주도적으로 삶을 영위해 나가는 능력이 중요함을 알게 되었다. 더욱이 코로나 팬데믹을 비롯한 자연 파괴와 기후위기로 인한 각종 재난은 산업화 이후 인간 중심, 성장 중심적 삶을 생태 중심적으로 새롭게 설계해야 한다고 경고하고 있다. 자연의 수용 능력을 벗어나서는 지속가능한 삶, 좋은 삶을 추구할 수 없다. 이것을 인식하는 것이 생태 문명이다.

지구상에 살고 있는 모든 사람이 특정 생활 방식으로 살아도 지구가 감당할 수 있으려면, 77억의 전 세계 인구가 지구에 문제가 생기지 않는 범위 내에서 저마다의 삶을 디자인해야 한다. 그러나 전 세계 인구가 지금처럼 생태자원을 소비하기 위해서는 지구가 0.7개 더 필요하며, 한국인처럼 과소비할 경우에는 지구가 3.3개 있어야 한다고 한다.공우석, 2020 현재와 같은 생활 방식에 생태적 대전환이 있지 않고는 지금의 기후위기와 인간의 지속가능한 삶을 바랄 수 없다. 생태적 삶으로 전환하기 위한 교육이 시급하다.

학교는 교육 활동을 통해 아이들에게 지속가능한 삶을 위한 소양을 길러 주어야 한다. 그뿐 아니라 지속가능한 삶을 위한 생태적 실천이 이루어져야 하며, 모두의 좋은 삶을 향한 철학적 성찰과 다양한 방법들이 모색되고 시도되는 장소여야 한다. 이화진 외2016는

2030년 한국 사회의 변화 방향의 하나로 '환경 문제 및 자원 부족 해결을 위한 지속가능한 발전의 추구'를 제시하였고, 미래교육이 함께 상생하고 협력할 수 있는 공동체 의식을 길러 주는 교육, 자연과 환경을 존중하는 교육으로 나아가야 한다고 했다.

2020년 6월 25일 '청소년기후행동'은 전국시도교육감 앞으로 기후 위기 비상선언을 요청하는 장문의 편지를 보냈다. 이에 7월 전국시도교육감협의회에서는 '기후위기·환경재난시대 학교환경교육 비상선언'을 하기에 이른다. 이 선언에서는 미래 세대의 환경학습권 보장, 건강권과 안전권 확보, 온실가스 감축, 생태 시민으로의 성장 등을 강조하였다. 이렇게 노력한다면, 학교는 생태 문명의 핵심 원리를 이해하고 이를 실천하는 공간이자, 생태적 삶의 양식을 배우는 실험과 상상의 플랫폼이 될 것이다.

경기도교육청은 '2021 기후변화 대응 생태·환경교육 추진계획'에서, 전 지구적 환경 문제를 이해하고 지속가능한 미래를 위해 환경보전 활동을 능동적으로 실행하는 생태 시민 육성을 비전으로 설정하고, 환경학습권 보장을 위해 체계적인 생태환경 교육과정을 운영하는 학교, 학생 주도 환경 보전 실천 운동을 지원하는 학교, 앎과 삶이 하나 되어 환경 보전 활동을 실천하는 생태 시민을 키우는 학교의 모습을 제안하였다. 교육부 역시 정부의 그린 뉴딜 정책의 일환으로 탄소 중립 학교로의 전환을 추진하고 있다. 2025년까지 약 18조 원을 투입하여 전국의 노후 학교 건물을 개선하고 학교 자체가 환경교육의 장이자 교재가 되는 생태 문명의 핵심 학교(그린+스마트)

를 구현하고자 한다.

지속가능한 삶, 생태적 삶의 전환을 위해서는 사람들의 태도나 가치체계의 변화가 요구되며 이때 교육은 핵심적인 역할을 한다. 국제사회는 2002년 유엔총회에서 2005년부터 2014년까지의 10년을 '유엔지속가능발전교육 10년'으로 지정하였고, 유네스코는 국제사회의 실천적인 노력을 촉구하는 차원에서 실행 계획을 수립하였다. 이에 따르면 지속가능발전교육은 ① 전 세계 모든 사람의 존엄성과 인권 존중, 사회적, 경제적 정의를 위한 헌신, ② 미래 세대의 인권에 대한 존중과 세대 간 책임을 위한 헌신, ③ 지구 생태계의 보호와 복원을 포함한 다양한 생명공동체 존중 및 배려, ④ 문화적 다양성 존중과 지역적·지구적으로 관용, 비폭력, 평화의 문화 마련을 포함한다.환경부 외, 2019 그렇다면 학교는 어떠한 교육과정을 통해 생태 시민을 키워 낼 수 있을까?

생태적 전환 교육으로서
환경교육의 가능성

지속가능발전교육은 환경교육의 발전된 형태로 보는 것이 일반적이다. 중학교 '환경'[1] 과목의 교육과정을 살펴보면, 환경 교과는 다른 사람들과 더불어 지구 생태계 내에서 조화로운 삶을 살아가는 데 요구되는 의지와 역량을 갖추어 기후변화와 생물 다양성 감소 등 인류가 직면한 환경 문제를 해결하고 지속가능한 사회를 만드는 데 기여하는 과목이다. 학습자들이 각자가 처한 삶의 맥락에서 환경 및 환경 문제를 다루며, 그 과정에서 이론과 실천, 학교와 사회, 지성과 감성 등을 연계하여 환경과 사회 및 개인의 행복한 삶의 관계에 대해 통찰하고 지속가능한 사회를 만드는 데 적극적으로 참여하도록 하는 데 목적을 둔다교육부, 2015고 되어 있다.

학교에서의 환경교육은 크게 세 가지 형태로 나타난다. 독립식 환경교육, 분과식 환경교육, 비교과 환경교육이 그것이다. 독립식 환경교육이란 과목으로서 환경 교과가 존재하는 경우인데, 이때 환경 교과는 교양교과(군)으로 이수/미이수 과목으로 운영된다. 분과식 환경교육이란 타 교과에서 환경과 관련한 성취기준을 가르치는 것을 말한다. 비교과 환경교육은 교과 외에 학교에서 이루어지는 모든 환경교육을 가리키는데, 주로 창의적 체험활동이나 학교 행사 등을 통해 운영된다. 환경 교과를 독립된 과목으로 편성하지 않은 대부분의 학교[2]에서는 환경교육이 분과식, 비교과식으로 이루어지고 있다. 이에 교육부는 '범교과 학습 주제 교수학습 자료'로『교과 교육과정과 연계한 환경·지속가능발전 교육』등을 개발·보급하여 학교교육의 여

---

1. 2015 개정교육과정에서는 중학교 선택 교과로 한문, 환경, 생활외국어, 보건, 진로와 직업 등을, 고등학교의 교양 교과로 철학, 논리학, 심리학, 교육학, 종교학, 진로와 직업, 보건, 환경, 실용 경제, 논술 등을 두고 있다.
2. 환경 과목을 선택한 학교는 2000년부터 2012년까지 지속적으로 감소했으며, 2016년에는 중고등학교 5,576개교 중 496개교(8.9%)만이 선택하여 운영하고 있다(환경부, 2016).

러 영역에 통합하여 활용하도록 하였다.

그러나 국가환경교육센터[2020]가 실시한, '2020 범교과 학습 주제 교육 현황에 대한 교사 대상 인식 조사'에 따르면 '환경이 범교과 학습 주제로서 현재 모든 과목에서 가르쳐지고 있다'는 주장에 대해 68.3%가 부정적으로 응답했다. '환경이 범교과 학습 주제로서 현재 창의적 체험활동에 잘 반영되어 가르쳐지고 있다'는 주장에 대해서도 81.2%가 그렇지 않다고 대답했다. 또 교사 10명 중 8명은 범교과 주제로서 환경교육을 위한 준비가 되어 있지 않다고 응답하여, 현재 학교에서 이루어지고 있는 환경교육에 문제가 많음을 보여 준다.

환경교육은 인간과 환경의 관계를 이해하고, 바람직한 관계 개선을 통해 지속가능한 사회를 만들어 가기 위한 교육이자 개인의 인식과 행동, 사회의 변화를 추구하는 교육이다.[환경부 외, 2019] 환경교육은 모든 교과를 아우르는 통합교육과정[3]으로서의 목표를 지닌다. 환경교육은 '실생활 중심, 학생 중심, 맥락 중심'의 학습을 구현하는 데도 적합하며, 자신을 둘러싼 세계를 이해하고 세계가 지속가능하도록 노력하며 살아가는 세계시민으로서 꼭 필요한 역량을 키울 수 있다.

환경교육에서는 앎이 삶의 영역으로 확장될 뿐 아니라, 삶의 문제

---

3. 경기도교육청에서 제시한 '기후변화 대응 생태·환경교육 관련 성취기준'(2021 기후변화 대응 생태환경교육계획)에 따르면 다음의 교과에서 환경과 연계된 성취기준을 찾아볼 수 있다.
   - 초등학교: 통합, 사회, 과학, 도덕, 국어, 실과, 미술, 음악 등
   - 중학교: 도덕, 사회, 과학, 기술·가정, 국어 등
   - 고등학교: 통합과학, 한국지리, 여행지리, 지구과학 I, 융합과학, 생명과학 I·II, 지구과학 II, 통합사회, 농업 생명 과학, 해양 문화와 기술, 종교학 등

가 앎의 대상이 된다. 환경 문제는 다양한 이해집단들이 사회적으로 합의를 해야 할 복잡한 상황을 포함하는 경우가 많다. 환경 갈등 상황을 해결하고 극복해 나가기 위해서는 토의와 토론의 과정이 필요하다. 이 과정에서 학생들은 의사소통 및 갈등 해결 능력, 창의적 문제해결력 등의 역량을 함양할 수 있다. 또 기후위기를 비롯한 환경 파괴의 피해가 세대 내(개도국과 취약 계층), 세대 간(젊은 세대와 미래 세대), 종(種, 다른 생물 종) 간 불평등하게 나타나고 있는 현실을 지적하고, 이러한 문제를 '기후 정의'의 차원에서 해결해야 한다는 목소리가 높아지고 있다. 이는 사회경제적 약자와 미래 세대는 물론 비인간적 존재를 인정하고, 이들의 권리와 복지, 지속가능성을 실현하기 위해 소통, 숙의, 행동하는 생태 민주시민의 출현을 요구하고 있어 환경교육이 민주시민교육과도 밀접하게 연결되어 있음을 보여준다.

환경교육의 실제

나는 올해 선택과목으로 편성된 환경 교과를 처음 맡아 가르치게 되었다. 전공이 국어인 나로서는 낯선 도전이 아닐 수 없었다. 이 교과를 통해 학생들이 환경과 사회, 개인의 삶과의 관계에 관심을 갖고 통찰하며, 지속가능한 사회, 미래를 위해 적극적으로 참여하는 생태 시민으로서 실천 역량을 갖출 수 있도록 수업을 설계하는 것이 쉽지 않았다. 교과 내용의 낯섦도 문제거니와 주당 4~5단위의 국어 수업과는 달리 1단위로 운영되는 환경 수업은 호흡도 달랐다. 매 수업이 완결된 구조를 갖추어야 했고, 성취도를 산출하지 않는 교양 교과다 보니 학생들의 주의 집중을 지속적으로 유지하기 위해 다양한 교수 학습 콘텐츠와 방법으로 접근할 필요가 있었다.

루카스Lucas, 1972는 환경교육을 '환경에 대한about'교육, '환경 안에서의/으로부터의in/from'교육, '환경을 위한for'교육으로 나누어 설명하였다. 목적에 따른 교육의 강조점과 교사 및 학습자의 역할을 정리하면 다음과 같다.

[표 2-1] 환경교육의 목적에 따른 범주

범주	환경에 관한 교육 (about)	환경 안에서의 교육 (in/from/through)	환경을 위한 교육 (for)
환경교육의 강조점	환경에 '관한' 지식	환경 '안에서의' 활동	환경을 '위한' 실천
	지식, 개인적 실천	생태적 경험	환경문제, 쟁점, 공동체적 실천
교사의 역할	지식의 권위자	환경 내에서의 경험의 조직자	공동의 참여자/탐구자
학습자의 역할	지식의 수동적 수용자	환경 경험을 통한 능동적 학습자	새로운 지식의 능동적 창조자

출처: 환경부 외(2019)

환경교육은 이 세 가지 목적과 접근 방식을 분절적으로 수행해서는 안 되며, 통합과 균형을 갖추어야 한다. 다음은 위의 구분에 따라 나의 환경 수업을 분석해 본 것이다.

환경에 관한 교육

환경에 관한 지식은 환경 교과서 내용을 중심으로 학습하는 것 외에 환경과 관련한 도서와 신문을 통해서도 얻을 수 있다. 평소 독서 교육을 중요하게 생각하는 까닭에, 나는 수업 시간에 환경을 주제로 한 도서를 꾸준히 읽도록 준비하였다. 환경과 관련한 도서에 대한 정보는 환경교육포털www.keep.go.kr 사이트를 참고할 수 있다. 환경교육포털에서는 우수환경도서의 목록을 주제별로 분류하여 2007년부터 꾸준히 업데이트하고 있으며, 학교에 도서를 일정 기간 대여하는 서비스도 제공한다. 독서활동의 마무리로 환경논술 등을 계획할 수 있으며, 이를 통해 독서에서 얻은 지식을 심화할 수 있다.

신문 역시 환경교육에 아주 유용한 자료가 된다. 신문에서 다루는 환경 기사들은 교과서 속의 사례들보다 훨씬 현실적이며 실재감이 있다. 스마트폰의 인터넷 기사에 익숙한 요즘 학생들에게 종이신문은 낯선 매체다. 인터넷상에서는 조회 수를 올리기 위해 낚시성, 선정적인 제목이 붙은 기사들이나 충분한 검증 절차를 거치지 않은 기사들이 범람한다. 그러나 종이신문에 실리는 기사들은 촌각을 다투거나 사람들의 시선을 선점하려는 조급함에서 벗어나 보다 검증된, 양질의 기사들을 제공한다고 생각하기 때문에 수업에 적극 활용하는 편이다. 한국언론진흥재단은 교육용 뉴스 플랫폼인 e-NIEenie.forms.or.kr를 운영하고 있다. 온라인으로 신문을 읽고 기사를 검색하고 비교해 볼 수 있는 교육용 프로그램을 제공하는 사이트로, NIE 수업지도안과 활동지 등을 다운로드해 활용할 수 있다. 올해는 지구

온난화, 기후위기와 바이러스의 창궐, 공장식 축산, 육식과 환경 오염과의 관계, 로드킬과 생태통로, 자원 재활용과 업사이클링, 적정기술, 일회용 플라스틱의 범람, 환경호르몬, 착한 소비 등과 관련한 기사들로 수업을 진행하였다.

환경 안에서의 교육

환경교육에서 중요하게 다루어지는 역량 중에 환경 감수성이 있다. 환경 감수성은 환경의 변화에 민감하게 반응하며, 환경의 아름다움이나 고통에 대해 감정을 이입하거나 공감하는 능력을 가리킨다. 이 역량은 다양한 환경 체험활동으로 길러질 수 있으며, 이를 바탕으로 환경 친화적 태도를 함양할 수 있다.

환경 탐구 활동으로 4월 식목일을 즈음하여 학교 화단에서 자라고 있는 식물들을 관찰하였다. 학교 화단을 6개의 구획으로 나누고, 4~5명 단위로 모둠을 구성하여 나무와 꽃, 풀들을 관찰하도록 하였다. 스마트폰 앱을 이용하여 식물의 이름을 검색하고 모양과 색 등을 자세히 관찰한 후 사진을 찍었다. 이후 도서관으로 이동하여 식물도감 또는 인터넷 검색 등을 통해 관찰한 식물에 대해 조사를 진행하였다. 이 과정에서 학생들은 평소 무심히 지나쳤던 학교 화단에서 다양한 식물들을 발견할 수 있었으며, 그것들에 대해 관심을 갖게 되었다.

또 다른 체험으로 자연물을 이용하여 나만의 작품을 만드는 활동도 계획해 볼 수 있다. 관찰 수업 이후, 주변에서 흔히 볼 수 있는 나뭇가지, 나뭇잎, 꽃, 솔방울 등을 수집하고, 그것을 이용하여 아름다운 작품으로 재구성해 보는 것이다. 주로 유·초등 미술 활동으로 활용되지만, 중등에서도 호기심을 갖고 창의적인 상상력을 발휘하는 데 손색이 없다.

학교 공간에 여유가 있다면 텃밭을 활용한 생태교육도 좋다. 최근에는 지방자치단체에서 학교의 신청을 받아 학교텃밭 교육 프로그램을 제공하기도 해 교사가 텃밭 가꾸기에 전문적인 지식이 없어도 쉽게 접근할 수 있다. 이 프로그램을 통해 학생들은 절기별 텃밭 체험을 통해 식물의 한살이 과정을 학습하고 생명의 소중함을 배울 수 있다. 씨앗과 모종을 심고 잘 자라도록 관심을 갖고 돌보는 과정에서 책임감을 기르고, 수확의 기쁨을 경험할 수 있다.

환경을 위한 교육

환경을 위한 교육은 환경을 위한 실천에 초점을 두고 있다. 환경교육이 궁극적으로 지향하는 바는 우리와 미래 세대의 지속가능한 사회와 삶에 있다. 실존적 위기에 봉착한 인류가 지구 환경에서 살아남기 위해서는 삶의 생태적 전환이 필요하다. 지구상에서 일어나고 있는 환경 문제와 기후위기 문제를 해결하기 위해 생태적이며 친환경적인 삶으로의 전환과 실천이 요구된다. '환경에 관한 교육'과 '환경 안에서의 교육'도 결국은 '환경을 위한 교육'에 그 목적이 있다고 하겠다.

환경을 위한 실천적 행동을 촉구하는 활동에는 환경 관련 기념일을 활용하는 방법이 있다.

[표 2-2] 환경 관련 기념일(네이버 달력 정보)

일자	기념일	일자	기념일
2월 2일	세계 습지의 날	6월 5일	세계 환경의 날
3월 22일	세계 물의 날	6월 17일	사막화 방지의 날
3월 마지막 토요일	어스 아워	7월 11일	세계 인구의 날
4월 5일	식목일	8월 22일	에너지의 날
4월 22일	지구의 날	9월 16일	세계 오존층 보호의 날
5월 31일	바다의 날	10월 18일	산의 날

한 예로, 세계자연기금WWF[4]은 매년 3월 마지막 토요일에 글로벌 기후변화 대응 캠페인의 일환으로 어스 아워(Earth hour, 지구촌 전등 끄기) 이벤트를 진행한다. 올해 나는 학생들에게 어스 아워 캠페인에 동참하고 인증샷을 남기도록 독려하였다.

이 외에도 환경부와 교육부가 개발한 '기후행동 1.5℃' 앱도 좋은 도구이다. 이 앱은 모바일에 익숙하고 환경 감수성이 뛰어난 학생들을 대상으로 기후변화의 심각성을 인식하고 기후 친화적인 생활 습관을 형성할 수 있도록 도와주기 위해 개발되었다. 기후행동 실천 일기 쓰기, 기후행동 퀴즈 등 다양한 방식으로 탄소 중립 등 기후변화 주요 정보와 생활 속 온실가스 저감 실천 정보를 쉽게 얻을 수 있다.

범교과적이고 실천 중심적인 특성 때문에 환경교육은 프로젝트

---

4. 스위스에 국제본부를 둔 세계 최대 규모의 국제 비정부 자연보전 기구.

학습을 통해 더 잘 배울 수 있다. 다양한 환경 문제와 기후위기와 같은 사례를 탐색하고, 탐구하고 싶은 주제를 선정한 뒤 계획을 수립하고 실행, 발표 및 평가하는 일련의 과정을 거치면서 학생들은 환경 공동체 의식, 창의적 문제해결력, 통찰·성찰 능력과 같은 환경 역량을 습득할 수 있게 된다.

한 학기 수업을 마무리하면서 실시한 '환경 수업 평가' 설문에서 응답자 55명 중 43명의 학생이 수업을 통해 환경 과목에 흥미가 생겼으며 실력이 향상되었다고 응답하였다. 학생들은 환경 수업을 통해 기후위기에 경각심을 느끼고, 환경과 관련된 다양한 이슈에 관심을 갖게 되었으며, 지속가능한 발전과 삶, 기후 불평등에 관해 생각해 볼 기회를 얻었다. 또 환경 체험활동을 인상적으로 꼽는 학생들이 많았으며, 내 주변의 환경 문제를 발견하고, 환경 보존 및 개선 활동을 스스로 계획하고 실천해 보는 프로젝트 학습을 하고 싶다는 의견과 환경 이슈를 가지고 토론 활동을 해 보고 싶다는 의견을 제시하기도 하였다. 환경을 주제로 시를 창작하거나 예술표현 활동을 기대하는 등 기존의 일률적인 수업에서 벗어나 여러 영역을 넘나들며 다양하고 자유로운 활동을 원했다.

생태 시민을 기르는
환경교육

코로나 팬데믹은 우리의 삶을 송두리째 흔들어 놓음으로써 삶의 많은 영역에서 당연하게 여겼던 가치와 생활양식을 생태적으로 수정할 것을 요구하였다. 코로나 팬데믹으로 인한 전 지구적 위기는 인간이 자연과 생태계의 일부분이라는 사실을 상기시키면서 생태의 중요성에 대해 알려 주었다. 인간 중심적 가치관은 자본주의를 통해 극대화되어 오늘날 지구의 생태학적, 환경적 위기를 불러왔다. 생태적 전환을 위해서는 환경에 대한 관점이 바뀌어야 한다. 인간 중심에서 생태 중심으로, 개체 중심에서 관계 중심으로, 형식적 동일성이 아닌 고유성과 차이성을 중시하고, 자연과 조화로운 공존을 꾀하는 사유와 실천이 필요하다.

환경 문제는 지속가능한 삶을 위해, 현재의 불편을 감수할 것을 요구한다. 그러나 인간과 자연 생태계와의 조화, 현세대와 미래 세대에 대한 이해와 책임감, 취약 계층에 대한 존중 등을 지향하는 시스템적 사고를 가지고 기후행동에 나서야 한다. 개인의 일상에서의 실천뿐 아니라 사회 구조적인 전환에 대해서도 고민하고 목소리를 내야 한다.

미래를 살아갈 청소년들의 목소리가 특히 중요하다. 앞에서도 언급했듯이 청소년기후행동은 "우리 정부의 감축 목표로는 파리기후변화 협정을 지킬 수 없으며, 헌법에서 보장한 생명권과 행복추구권,

정상적인 환경에서 살아갈 환경권 등을 심각하게 훼손될 것"이라며 정부와 국회를 상대로 기후 소송을 제기했고, 전국시도교육감협의회 앞으로 편지를 보내 '기후위기 비상선언'을 이끌어 냈다. 지구와 공생하기 위한 노력은 선택이 아닌 필수이다. 학교는 환경교육을 통해 환경위기를 해결하고 지속가능한 삶과 사회를 위한 의지와 역량을 갖춘, 생태 시민을 길러 내야 할 것이다.

그러기 위해선 교사가 먼저 스스로 생태적 전환의 가치를 인식하고 생활 양식을 생태적으로 바꾸려는 노력을 해야 한다. 생태적, 지속가능한 삶에 대한 감수성을 가진 교사가 학생들로 하여금 인간과 자연의 조화로운 공존을 모색하며 생태학적으로 사유하고 생태 보호를 위해 실천하며 삶의 근본적인 자세를 전환할 수 있도록 전문성을 발휘해야 한다. 주어진 교육과정을 재현하는 전달자가 아니라 교육과정의 주체로서 권한을 가지고 학생의 삶을 중심으로, 생태적 상상력을 발휘하여 교육과정을 창조적으로 생산하고 자율적으로 행사할 수 있어야 할 것이다.

3장
학교와 지역사회는
어떻게 만나야 할까?

민수정

요즘 출근길에 라디오에서 흘러나오는 아키온[5]이라는 화성시의 교육정책 공익광고를 듣곤 한다. 이때마다 코로나 바이러스로 어려움을 겪고 있는 현실 속에서 '지자체와 학교가 어떻게 협력 체제를 갖추어야 할까', '아이들의 성장을 위해 무엇부터, 어떤 노력을 할 수 있을까?', '코로나 이후 학교의 모습은 어떻게 달라져야 할까?'라는 상념에 잠긴다.

학교를 둘러싼 여러 환경은 우리의 미래를 불안하게 한다. 저출산으로 학령인구가 감소하고, 다문화 사회가 가속화되고 있으며, 기후변화, 생태환경 등도 위기에 가까운 변화를 보이고 있다. 더 나아가 교육 불평등으로 인한 문제도 우려된다. 2021년 UN 미래 보고서는

---

5. 아이를 키우는 데 온 마을이 필요하다.

2030년까지 현존 일자리의 80%에 해당되는 일자리 20억 개가 사라진다고 보고했다. 맥킨지 연구소는 정보화와 관련해 이를 촉진하는 12개의 신기술을 선정하였다. 기술융합, 초연결 사회를 살아갈 우리 아이들에게 미래 사회를 살아갈 삶의 역량을 키워 주기에 학교라는 울타리는 작기만 하다.

급변하는 사회 변화에 한 아이, 한 아이가 지닌 고유성과 독특성이 발현되고 개인별 맞춤형 교육을 구현하기 위해서는 학교의 경계를 허물고 시공간을 넘나들면서 아이들의 교육 활동이 실현되어야 한다. 학교는 지역사회 안에서 폐쇄적으로 존재한다는 인식을 뛰어 넘어, 학습 생태계 확장에 따라 지역사회와의 다양한 네트워크를 구축하여 적극적으로 지역사회와 협력해야 한다. 학교와 지역사회의 유기적 연결을 통해 아이들이 삶의 맥락 속에서 성장하고 배울 수 있도록 배움터를 확장해 나가야 한다. 미래에도 학교가 사라지지 않으려면 학교는 '배움의 커뮤니티 공간'으로 변화해야 한다. 한 아이가 성장하기 위해서 학교가 지역, 마을과 어떻게 상호작용해야 하는지에 대한 성찰과 고민이 필요하다.

학교와 마을의
만남

분권과 자치의 흐름은 교육도 국가교육과정을 중심에 둔 절대적

명제에서 벗어나 교육과정 자율권을 확대하고, 학교 밖의 다양한 배움도 인정해야 함을 요구한다.

혁신교육 10년의 축적된 성과는 학교에서 마을로 혁신교육을 확장하고 혁신교육 생태계를 구축한 것이다. 이 과정에서 마을교육공동체를 활성화함으로써 혁신교육의 지역화와 다양화를 통해 학교와 지역사회의 변화를 이끌어 왔다. 특히 혁신교육 4대 원리 중 창의적 교육과정은 학생이 자기 배움의 주체로서 앎과 삶을 조화시키고, 그 안에 학습자의 주도성을 구현하는 원리로 운영되고 있다. 즉 지역의 특성과 학생의 성장 단계를 고려한 학교별 창의적 교육과정 운영은 결국 마을이 교육과정으로 들어올 때 가능해진다. 혁신교육의 심화는 마을이 학교교육과정으로 들어오고, 학교와 학교가 마을 안에서 연결되는 형태를 지향한다고 볼 수 있다. 그간 일부 학교와 교사들의 열정에 기대어 온, 마을을 교육과정에 담기 위한 경험의 축적은 이제 많은 시·도에서 학교자율과정으로 공식화되었다.

지역 여건을 고려하고 아이들이 배움의 주체가 되어 다양한 경험과 삶의 역량을 기르고 학교와 마을이 아이들의 삶의 배움터로 만들어 가기 위한 학교자율과정은 당연한 요구이다. 학교자율과정을 통해 아이들이 살고 있는 지역의 문화, 역사, 환경, 자연들을 접하며, 다양한 사람들을 만나고 함께 배우고 지역을 사랑하고, 자신의 삶에 영향을 미치는 요소에 대해 직접 참여하고 실천하여 시민의 권리를 행사하며 민주시민으로 성장할 수 있을 것이다. 이에 대한 경기도교육청의 사례를 소개하면 다음과 같다.

III. 학교교육과정 편성·운영의 기준

1. 기본 사항

가. 초등학교 1학년부터 중학교 3학년까지의 공통 교육과정과 고등
   학교 1학년부터 3학년까지의 선택 중심 교육과정으로 편성·운영
   한다.

나. 학교는 학생이 배움의 주체가 되는 교육과정을 운영하기 위하여
   교과(군)과 창의적 체험활동 시수를 활용한 '학교자율과정'을 편
   성할 수 있다.

다. 학교는 학교자율과정 운영을 위한 교과군 내 시수 조정, 성취기준
   활용·재구조화·개발, 교수·학습 및 평가 방법 설계·운영에 대한
   자율권과 재량권을 가진다.

2. 초·중학교 교육과정 편성·운영 기준

   5) 학교는 학생이 지성, 감성, 시민성을 조화롭게 갖추어 삶을 개
      척할 수 있는 힘을 기를 수 있도록 학교자율과정을 편성·운영
      할 수 있다.

      가) 학교자율과정은 교과(군)별 기준 수업 시수의 20% 범위
         내에서 감축한 시수를 활용하여 창의적으로 편성·운영한
         다. 단, 체육, 예술(음악/미술) 교과 시수를 활용할 경우 해
         당 교과와 연계된 활동으로 운영한다.

      나) 학교자율과정은 창의적 체험활동과 연계하여 편성·운영할
         수 있으며, 학생 주도의 다양한 활동이 이루어질 수 있도록
         운영한다.

      다) 학교자율과정은 교육공동체의 일원인 학생이 배움의 주체
         로서 배움의 기쁨을 누리며, 배움을 통해 더불어 성장할 수
         있도록 교과융합 활동, 마을과 연계한 교육 활동, 학생 주
         도 주제별 프로젝트 활동 등으로 편성·운영한다.

미국의 철학자 조지 산타야나George Santayana는 "오로지 학교에서만 교육받은 아이는 교육을 받지 않은 것이나 마찬가지다"엄윤미 외, 2020에서 재인용라고 말했다. 학생이 습득하는 지식이나 기술이 사회적 맥락이나 사회의 필요와 맞닿아야 한다는 의미다. 학교 밖으로 배움을 확장하고, 학교의 담장을 넘나들며 빠르게 변화하는 세상을 배워야 한다는 뜻이 담겨 있다. 배움의 범위와 현장이 넓어짐에 따라 다양한 전문가들이 배움을 지원하고 참여하기 때문이다.

학교교육과정에 마을을 담다

『미래 학교』엄윤미 외, 2020에서는 일본의 게센누마 마을에 있는 한 고교에서 수행한 '마을과 연계한 프로젝트 사례'(오가와 유小川悠는 지역의 고등학생과 기업이 함께 아이디어를 개발하고 실제 비즈니스를 만드는 청소년 교육 프로그램)를 소개하고 있다. 이 연구에서는 학교를 졸업한 후 마을을 떠난 아이들이 다시 마을로 돌아오지 않는 이유를 분석하였다. 학생들이 학교교육과정에서 지역을 이해할 기회와 지역사회의 어른을 만날 기회가 없었고, 지역사회의 변화를 만드는 방법을 배운 적이 없다는 것이다. 이 결과는 우리의 교육과정을 되돌아보게 한다. 우리는 교육과정에 마을을 담고, 마을의 어른을 만나고, 마을의 변화에 대해 함께 프로젝트를 진행하고, 아이들이 마을의 시민으로 성장할 수 있는 기회를 부여하고 있을까?

학교와 교사는 아이들에게 어떻게 기회를 부여할지에 대해 함께 논의하고, 이를 교육과정에 반영하여 아이들이 마을의 시민으로 성장할 수 있게 해야 한다. 아이들이 '마을에 관해, 마을을 통한, 마을을 위한' 교육으로 성장할 수 있도록 해야 한다. '마을교육과정'은 이렇게 성장한 아이들이 청년이 되고, 청년들이 마을에 남아 있거나 마을을 떠나더라도 또 다른 마을에 뿌리를 내릴 수 있도록 도와줄 것이다. 학생들이 앎과 삶을 융합하는 경험을 확대할 수 있도록 학교와 마을의 연계와 적극적인 협력이 필요하다.

마을교육과정의 실제

마을을 교육과정에 담는 초등 사례

경기도의회에서 초등학교 대상으로 향토사 교육 조례안을 제정하여 각 지역의 교육청을 중심으로 고장의 역사를 배울 수 있는 기회와 자료 개발의 근거를 마련하였다. 이미 초등학교에서는 시군별로 지역화 교육이 이루어지고 있다. 지역화 교재 발간, 문화체험 예산 배정, 체험처 발굴, 교육자원 지도 및 마을교사까지 지원이 이뤄지면서, 마을과 연계한 교육과정이 운영될 수 있는 환경이 마련되었다. 더구나 향토사 교육을 위한 조례까지 만들어지면서 지역화 교육을 위한 발판이 조성되어 있다.

[그림 3-1]에 초등학교에서 교육과정에 마을을 어떻게 담을지에 대한 논의 결과를 제안해 보았다. 초등 3학년 사회과 수업에 마을을 전부 담는 한계를 보완하여 학년 간 성취기준을 근간으로 이를 위계화하고 있다.

용인 사람으로 성장하는 용인 교육과정

마을에서 시작하는 1~2학년 교육과정 적용 방안

사람책

그림책과 이야기를 좋아하는 어린이,
사람책(Human book)으로부터 듣는
우리 마을과 학교의 옛이야기.
우리 아버지의 아버지는 이렇게 놀았어!
우리 마을 사람들의 삶과 이야기!

마을 탐험대

마을 곳곳 숨어 있는 보물을 찾아
보물 지도를 만드는 마을 탐험대!
우리 마을에 이런 곳이?
엄마, 아빠도 모르는 우리 마을 보물을
우리가 함께 찾아봐요!

특산물 시장

내가 제일 좋아하는 시장놀이!
학교에서 시장놀이로 논다.
무엇을 파냐고? 우리 용인 특산물이지.
할머니, 할아버지가 정성껏 가꾸고
할머니의 할머니부터 키워 왔던
용인의 자랑. 이젠 내가 사고팔아요!

체인지 메이커

나는 우리 마을 지킴이!
우리 마을 문제는 나에게 맡겨요.
여럿이 함께 하면 무슨 문제라도
신나게 해결할 수 있어요!
우리 마을 어려움을 해결하는
체인지 메이커!

3~4학년 교육과정 적용 방안

이름 찾기

잃어버린 이름을 찾아드립니다.
잊혀진 이름을 찾아드립니다.
이름에 담긴 소중한 이야기를
찾아드립니다.
우리 마을의 이름 찾기 대작전!
함께 해 보아요!

지도 원정대

마을 사람들을 위한, 마을 사람들에게
꼭 맞는 우리 마을 지도를 완성해요.
지도를 만들다 발견된
우리 마을 문제를 함께 해결해 보아요!
마을 원정대와 함께라면
더 행복한 마을이 될 거예요.

위인 앨범	Made in 용인
용인에 훌륭한 인물들이 많다고요?! 숨어 있는 위인들을 찾아라! 그리고 그들을 기억할 수 있는 앨범을 제작하여 늘 감사한 마음을 가져 보아요.	코로나19로 힘들어진 우리 지역 농민들을 도와요. 우리 지역 용인에서 생산된 농산물로 꾸려지는 급식 꾸러미! 내가 직접 만들어 보아요. 그리고 다른 지역에 홍보도 해 보아요.

5~6학년 교육과정 적용 방안

역사, 문화유산	생태환경	민주주의
선사시대부터 우리 마을에 살아온 조상들의 삶의 흔적, 나라 밖 침입에 굳건히 나라를 지켜 온 자주 민족으로서의 자긍심을 찾아보아요.	우리 마을을 둘러싼 산과 강, 하천. 그리고 지역과 지역을 연결하는 길. 사람과의 조화를 만들어 보아요.	더불어 살기 좋은 마을을 위해 사람들은 마을의 문제를 어떻게 해결할까요? 마을에서 만나는 민주주의의 현장 속으로.

[그림 3-1] 마을에서 시작하는 우리 지역 초등학교 교육과정 사례

학년군별 재구성을 하면서 1~2학년은 국어와 통합교과를 통해 사람책에게 듣는 추석 이야기, 마을 탐험대, 나눔장터, 우리 마을 안전지킴이! 프로젝트 활동을 하였다. 3~4학년은 국어, 사회, 미술, 도덕 교과를 통해 지역의 이름 찾기, 지도 원정대, 용인을 빛낸 위인들, Made in 용인이라는 프로젝트 수업을 하였다. 5~6학년은 사회, 과학, 미술, 진로 교과를 통해 용인에 숨겨진 우리 역사는 어디에?, 다시 태어나는 우리 마을(사진예술로), 민주주의 현장 취재, 동막천(마을 하천, 산)을 구하라! 등 캠페인을 포함한 프로젝트 수업으로 마을을 배우고, 마을에서 체험하고 마을을 위해 실천하는 마을교육을 교육과정에 담았다.

중등 사례

중학교는 창의적 체험활동, 자유학기활동 등을 활용하여 학교자율과정, 교과융합, 프로젝트 학습을 통해 마을을 교육과정에 담아낼 가능성이 확대되고 있다. 올해 M중의 사례를 보면 '다 같이 돌자 용인 한 바퀴!' 마을 프로젝트 수업을 도덕(우리 마을 지도 만들기), 국어(사람책 만들기), 역사(처인'부곡'이 처인'구'가 되기까지), 음악(우리 지역 노래 만들기), 과학(○○천 오염 실태 및 환경보호) 등 학년 교과 선생님들과 함께 학기 초 마을교육과정에 관해 논의한 내용을 학교 교육과정에 담아 학생 중심 수업을 하고 있다.

고등학교의 경우 2025년 고교학점제가 전면 시행되면서 학교자율과정을 폭넓게 적용할 수 있다. 이를 통해 마을 연계 프로젝트 등 학생들의 진로와 관련해서 지역화에 기반을 둔 학생 프로젝트 교육과정 운영이 기대된다. 현재까지 혁신학교를 중심으로 교과융합 프로젝트, 주제별 프로젝트 등 마을과 연계한 교육과정을 운영했던 사례들이 있었다. 2014년 H고에서 '마을을 아름답게' 교과융합 프로젝트 (미술과, 사회과), 2019년 P고에서 '마을을 알자' 등이 진행되었다.

그동안의 경험으로 마을을 교육과정에 담는 최고의 그릇이 학생 주도 프로젝트 학습이라고, 교육과정을 운영했던 교사들은 이구동성으로 말한다. 팀으로 진행되는 프로젝트는 학생들 간 '협력'을 기반으로 주제 선정과 문헌 조사를 위해 움직이게 한다. 학생들은 시청, 문화원, 읍사무소 등 마을을 이루는 각종 기관 홈페이지에서 계속 자료를 찾고, 면담을 위해 방문 약속을 잡고, 직접 찾아가서 만나는 등 한 학기 동안 진행되는 긴 여정을 함께한다. 이 과정은 아이들이 마을을 다각적으로 만나고 마을에 관해 조사하고, 마을을 통해 자신의 진로를 위한 첫걸음을 내딛는 기회가 된다. 우리가 학교와 마을이 만나는 공동체를 설계한다면 이 과정은 필수다. 프로젝트 과정에서 사람들과 만나 지역의 문제점을 발견하고, 이를 해결하기 위해 시청에 해결을 요구하는 민원 제기 등은 변화를 만드는 방법을 스스로 터득하고 배우는 결과로 이어지기도 한다. 혹은 미술 교과의 경우 마을의 마카롱 가게 쇼핑백을 디자인하거나, 마을을 홍보하는 만화책 등의 제작으로 이어지기도 한다.

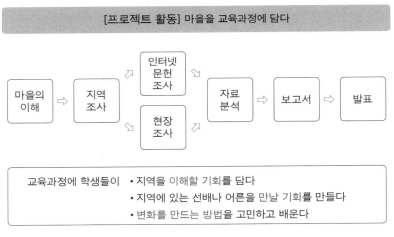

[그림 3-2] 고등학교 마을교육과정 프로젝트 과정

마을을 잇는
초·중·고 연계형 혁신학교

단위학교에서 확장하여 학생들의 삶의 근간이 되는 생활권역별로 볼 때 마을교육생태계를 구성하는 초·중·고 학교의 연계에 대해서도 관심을 가져야 한다. 학생 성장의 과정에서 12년을 긴 안목으로 볼 때, 초등학교에서의 경험을 중등으로 일관성 있게 연결할 수 있는 고리는 마을이다. 학생이 중심이 되고 학교와 지역 안에서 삶과 앎이 일치되는 교육을 실천하려면 초·중·고 교육과정이 긴밀하게 연계되어야 한다.

2018년부터 용인 포곡 지역에서는 초·중·고 학교급 간 연계 운영을 통해 분절된 초·중·고 교육과정을 공유와 협력으로 연결시키고자 하였다. 학교급 간 연계 활동의 첫걸음으로 초·중·고 교육공동체가 만나서 다름과 공통점을 찾았다. 더 나아가 함께할 수 있는 것들을 찾고자 했다. 혁신학교라는 공통분모가 있었기에 가능했다. 여기서 중요한 역할자는 '교사'였다. 교사들은 앎과 삶이 연계되는 교육과정이 왜 필요한지, 미래 사회를 살아갈 우리 아이들에게 어떤 삶의 역량을 키워 줄 수 있을지를 이야기하며 월 1회 주기적으로 만났다. 그러면서 인식의 전환과 공감대 형성이 일어났다.

하나의 예로 경기도의 연계형 혁신학교는 활동의 방향을 지정하거나 제한하지 않고, 학교와 지역의 특수한 상황을 고려하여 자율적으로 활동 과제를 창출하도록 격려한다. 이를 통해 서로 머리를 맞대

[표 3-1] 초·중·고 연계 학교의 현황 분석

현황	발전 방안
• 마을 내 초·중·고등학교의 분절적인 교육과정 편성 • 연계형 교육과정 모델의 부재 • 연계형 교육과정에 대한 교사들의 인식 제고 필요 • 초·중·고 혁신학교 네트워크의 공통 주제의 부재 • 교육지원청·지자체 관심 부족	• 학생 중심의 교육과정 실현 • 연계형 교육과정 모델 제시 • 연계형 교육과정에 대한 교사들의 인식 함양 • 초·중·고 혁신학교 네트워크의 연대 강화 • 교육지원청·지자체 협력 체제 구축

고 고민하는 과정에서 학생들이 마을에서 성장 역량을 기른다는 중요한 사실을 경험적으로 도출할 수 있었다. 활동의 지속성을 높이기 위해 우리는 월 1회 협의하는 시간을 정례화하였다. 학사일정을 일치시키고자 했던 시도는 학교급 간 차이가 많아 쉽지 않았지만, 함께할 수 있는 요인을 찾은 것은 큰 성과다.

초·중·고 교사들이 함께 만나 협의하는 과정에서 급별 연계의 중요한 지점은 관계 맺기다. 학생들은 마을을 이루는 '의미 있는 타자'들과 관계 맺기를 통해 성장할 수 있었다. 무엇보다 이러한 관계 맺기를 학교가 창출한다는 사실이 중요했다. 학생자치활동, 문화예술활동, 학습지원봉사 등 학교가 공식적으로 공동교육과정을 개발하여 아이들의 성장을 도울 수 있다는 사실을 자각하게 된 것이다. 교사들은 학교 밖 교육공동체들과 학교 간 협력을 통해 '지역사회학교 구축'이라는 혁신학교 운영 과제 실현에 다가갈 수 있음을 알게 되었다.

초·중·고 학교급 간 연계 활동 활성화는 학교의 주인인 학생들의 삶과 앎을 조화시켜 나갔다. 이러한 교육 활동을 통해 학생들은 지역의 선후배들과 함께 배웠다. 이 과정에서 교사들은 어떤 노력과 역할이 필요한지, 학부모들은 아이들의 성장을 위해 어떤 지원과 역할이 필요한가에 대한 이야기를 펼쳐 나갔다. 새로운 공론장이 활성화된 것이다. 이 과정에서 가장 중요한 역할자는 '교사'이며, 학교를 이어 주는 중요한 역할자는 마을에서 살고 있는 '학부모'이다. [그림 3-3]은 초·중·고 교사 전체가 함께 모여 마을과 함께했던 1년의 과정을 공유하는 워크숍 자료이다.

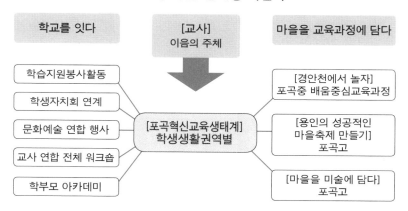

[그림 3-3] 마을로 확장 초·중·고 함께 공유

지역과의 교육 확대 가능성을
보여 주다

'학교와 지역사회는 어떻게 만나야 할까?' 교사가 마을을 어떻게 보느냐에 따라 이 질문에 대한 답이 달라질 수 있다. 마을을 담는 프로젝트 교육과정은 학생의 시선을 마을로 돌리는 계기가 되고 관심의 마중물이 된다. 단위학교에서 시작하여 마을에서 지역의 교육 문제를 바탕으로 이야기꽃을 피워야 한다. 교사들의 초·중·고 공동 교육과정 모색 과정에서 혁신교육 생태계의 확장과 지속성에 대한 희망이 보였다.

지역과 함께한 학생들의 목소리에 귀 기울이다

마지막으로 프로젝트 학습에 참여했던 학생들의 인터뷰 자료를 싣는다. 마을을 교육과정에 담아내는 과정을 통해 학생들이 마을에서 어떻게 성장할 수 있는지 보여 주는 중요한 자료이자, 앞으로 나아갈 방향에 시사하는 바가 크다고 본다. 아래는 내가 이 과정에서 학생들의 목소리를 정리해 본 것이다.

▶ **지역사회와 연계한 활동 중 어떤 경험을 했는가?**

학생 A: 지역 문화를 활용한 공공 미술 수업을 통해 도자기 디자인, 지역 특산품을 현대적으로 디자인한 경험이 인상적이었어요.

학생 B: 지역에 대한 이야기들을 애니메이션으로 제작한 경험이 좋았어요.

학생 C: 지역 홍보 지도를 제작한 경험이 기억에 남아요.

학생 D: 마을의 마카롱 가게 상품 케이스 제작이 가장 좋았어요.

▶ 지역사회를 연계한 수업을 통해
어떤 변화와 성장이 있었는가?

학생 A: 이 활동을 통해 스스로 낙후되었다고 생각한 우리 지역의 매력을 느꼈고, '작은 것도 우리 지역만의 매력이 될 수 있을까?'라는 생각이 들면서 내가 사는 곳의 자부심이 생겼어요.

학생 B: 우리가 먼저 지역을 사랑해야 홍보할 수 있다고 생각을 하게 되었고, 이제는 홍보대사를 할 수 있을 정도로 성장한 것 같아요.

학생 C: 수업을 통해 지역을 자유롭게 표현하고 체험하면서 관심을 갖게 되었고, 우리 지역의 문화시설, 특산물이 대단하고 자랑스럽다고 생각했어요.

학생 D: 지역의 어른들과 만나면서 이야기를 나누다 보니 어느새 제가 '우리 지역의 한 일꾼이구나'라는 소속감을 느끼게 되었어요. 우리 지역에서 제가 할 수 있는 일을 찾고 싶어요.

▶ 진로와 대학 진학, 더 나아가 자신의 삶에
어떤 영향을 끼쳤는가?

학생 A: 지역 연계 활동을 통해 지역에 대한 애착심을 느낄
수 있었는데, 진로 분야인 사회복지에서 한국의 사
회복지를 생각했다면 더 세부적이고 무게 있게 우
리 지역에 적합한 복지를 생각할 수 있었어요. 앞
으로도 지역에 더 관심을 갖고 진로와 연관시켜 지
역을 발전시키고 싶은 목표가 생겼어요.

학생 B: 희망하는 진로가 '마케터'인데, 우리 지역의 명물,
축제, 여러 공공시설 등에 대해서 어떻게 하면 더
흥행시키고 알릴 수 있을지 깊게 고민해 볼 기회
가 되었어요. 언젠가 마케터가 되면 이 활동을 경
험 삼아 지역을 알릴 수 있는 인물이 되고 싶어요

학생 C: 사회, 경영, 직업 마케팅을 융합한 활동이라 좋았
어요. 저의 꿈은 사회적 기업가로 사회에 선한 영
향력을 주고 싶어요. 직업 사회 홍보를 통해 우리
지역만의 특장점을 알려 주고, 무조건적 지원이 아
닌 홍보를 통해 풀어 나가서, 지역에 계속해서 성
장의 발판을 마련해 주는 의미 있는 활동이었어
요. 제 자기소개서에 굉장히 의미 있는 활동으로
기록하기도 했어요. 사회와 경영에 대한 학습이 필
요했던 저에게는 지역 연계 활동이 저를 융합적인

인재가 될 수 있게끔 사고력과 탐구력을 키워 주었어요. 나중에 이 활동 경험을 발판 삼아 더 넓은 세상에 우리 지역을 널리 알리고 싶다는 목표가 생겼어요.

학생들은 교육과정뿐만 아니라 학생문화, 지역 체험활동, 학생자치 등을 통해 자신들이 살고 있는 지역의 시민으로 성장하게 된다. 학생들은 형, 누나, 언니, 동생으로 안전한 관계 형성과 배움의 확장을 통해 함께 성장한다. 이렇게 할 수 있다는 것을 초·중·고 공동교육과정을 통해 교육공동체가 만나면서 체감하게 되었다. 이처럼 아이들이 지역의 시민으로 성장하기 위해서는 지역에 대한 관심과 이해가 필요하다. 또 지역의 자긍심과 연대감 형성 등을 통해 지역 시민으로서의 정체성 형성을 위한 '교육적 노력'이 절실하다는 것을 알게 되었다. 학교와 지역이 함께 교육을 펼칠 때 우리 아이들이 행복한 배움을 통해 성장하며, 배움의 공간이 확장될 수 있을 것이다.

포스트 코로나 시대를 살아가며, 코로나와 공존해야 하는 현실에서 학교, 마을학교, 온라인e스쿨을 넘나드는 다양한 학습, 시공간을 초월한 학습이 이루어지려면 이제 지역과 학교의 연결이 불가피하다. 이는 학생에 맞는 체계적인 학습 지원과 관리를 통해 모든 아이들의 삶과 앎이 일치되는 참된 성장을 위한 길이며, 함께 연대하여 교육이 사회를 바꿀 수 있는 절호의 기회다.

2부

포스트 코로나 시대의
수업과 평가

4장
학생들은 미래교육의 주인으로
성장하고 있는가?

김현숙

코로나 팬데믹이 가져온
배움의 변화

장기화되고 있는 코로나 팬데믹으로 그동안 경험하지 못했던 많은 것들을 경험하고 있는 요즘, 다가올 미래에 대한 두려움과 기대가 동시에 느껴진다. 코로나 바이러스는 평범한 일상뿐 아니라 학교의 모습 또한 변화하게 했다. 2020년 사회적 거리두기로 학생들은 건국 이래 처음으로 3월이 아닌 4월에 온라인 개학을 맞이하게 되었다.

온라인 수업을 한 번도 시도해 보지 않은 교사들도 준비 없는 상황에서 시스템을 구축하고 새로운 교수학습 방법에 익숙해지기 위해 많은 혼란을 겪었다. 온라인 수업 초기에는 컴퓨터 기자재가 마련되지 않은 가정이 많았다. 맞벌이 가정의 경우 학생의 온라인 콘텐츠 활용 수업을 도와줄 부모의 부재로 원활한 수업이 이루어지지 못하기도 했다. 온라인 수업은 교사가 수업 영상 자료와 학습지를 제작하고, 학생들은 가정에서 영상 자료를 통해 배울 내용을 학습하며, 결과물을 교사에게 개별 피드백을 받는 과정으로 이루어진다.

온라인 수업에서 교사의 중요한 역할 중 하나는 학생 수준에 맞는 영상 콘텐츠를 제작하고 학생별 학습을 확인하는 것이다. 그런데 가정에서 부모의 도움을 받을 수 있는 학생과 그렇지 않은 학생 간 학습격차가 크게 나타났다. 교사가 양질의 수업 콘텐츠와 학습 자료를 제작하여 학생에게 제공하더라도 학생이 능동적으로 수업에 참여하지 않으면 학습이 이루어질 수 없었다. 이러한 상황이 반복되다 보면 학습격차가 누적되어 학생별 격차는 벌어질 수밖에 없었다. 1년 넘게 온라인 수업을 운영하며 학부모의 경제적·사회적 상황과 학생 개인의 학습 참여도에 따라 학습 결과의 격차가 발생하는 것을 경험하게 되었다. 맞벌이 가정의 학생들은 부모의 돌봄을 제대로 받지 못하다 보니 온라인 학습에 효과적으로 참여하지 못하고, 온라인 학습 대신 게임에 방치되어 학습에 악영향을 미치고 이는 학습 결손으로 이어졌다.

코로나 상황이 장기화되면서 이러한 온라인 수업에서 형식적으로 참여하는 학생들이 많아졌다. 학생들의 차시별 수업 이해도 확인이 어려울 뿐만 아니라, 콘텐츠 영상 시청 완료가 학습 완료 및 진도 완료로 확인될 수밖에 없다. 그로 인해 주도적으로 학습에 참여하지 않는 학생들의 학습 결손이 누적되는 결과로 이어졌다. 이처럼 온라인 학습은 교사의 직접적인 학습 지도와 도움 없이 학생이 주체적으로 학습에 참여하지 못하면 효과적인 학습을 기대하기 어렵다. 따라서 학습 과정이나 결과에서 학생의 자기주도학습 역량이 무엇보다 강조된다. 인터넷 강의로 다양한 연수를 접해 본 나는 대면 수업에 비해 온라인 비대면 수업에서 학습자의 참여 의지가 얼마나 중요한지 잘 알고 있다. 2020년 이후 코로나 팬데믹 상황 속 가정에서 방치 아닌 방치 상태에 놓인 아이들에게는 한 학년의 학습이 통으로 사라져 버렸다고 해도 과언이 아닐 것이다.

처음에는 온라인 학습 초반 발생했던 학생 간 학습격차가 등교수업으로 극복되리라고 기대했다. 하지만 장기화되는 코로나 팬데믹 상황에서 학부모의 학습 개입도 이제 한계점에 다다랐다. 미래에는 지금보다 더 많은 감염병이나 기후변화로 인해 기존의 방식과는 다른 삶이 전개되리라 예측된다. 따라서 학생은 자기 자신의 삶의 주체가 되어 주도적으로 학습을 이끌어 갈 수 있는 능력과 태도를 갖추어야 한다. 예상치 못한 다양한 변화에 능동적으로 대처하고, 미래교육의 주인으로서 성장할 수 있는 능력이 무엇보다 필요할 것이다.

미래교육과 학습자 주도성의 중요성

초등학생 때 해마다 미래 상상화 그리기 대회를 했다. 그림 속 미래는 해저 도시에서 살며 로봇이 모든 일을 대신해 주는 모습이었다. 상상 속 미래만큼은 아니지만, 과학기술이 급속도로 발달해 아이들이 살아갈 미래는 나의 초등학생 시절 상상화처럼 자동화 시대가 되었다. 단순 반복적인 일은 기계가 하게 될 것이며, 알 수 없는 바이러스와 지금과는 다른 기후변화에 대응하며 살아가야 할 것이다. 그렇다면 이렇게 급변하게 될 미래 사회를 살아갈 학생들에게 필요한 역량은 무엇일까?

OECD는 'OECD 교육 2030: 미래교육과 역량' 프로젝트를 시작하였고, 이 사업의 목표는 사회에 요구되는 미래역량을 규명하고 미래지향적인 역량을 함양할 수 있는 교육체제를 탐색하는 데 있다.윤종혁 외, 2016: 29 이 프로젝트는 현재 중학교 학생들이 사회의 일원으로 활동할 시기를 2030년 무렵으로 생각하고, 그 시대를 살아가기 위해 필요한 미래핵심역량에 대해 설명하고 있다. 'OECD 교육 2030' 프로젝트에서는 미래 학생들에게 필요한 역량으로 사회의 변혁을 이끌어 낼 수 있는 역량을 강조한다. 또한 학습의 능동적 역할자로서, 그리고 학생 주체student agency로 개인이 함양해야 할 기본적 역량과 사회의 변화를 이끌어 낼 변혁적 역량을 강조하고 있다. 2030 시대는 새로운 가치를 창조할 수 있는 역량, 즉 창의적인 아이디어를 통한 경제활동과 새로운 생활 방식, 사회적 모델 등을 개발할 수 있는 능력이 필요하다.

많은 이들이 이야기하듯이, 미래 AI와 경쟁에서 살아남기 위해서는 인간의 비교우위인 창의성과 주도성을 갖추어야 한다. 누구나 예상할 수 있는 그런 사고방식에서 벗어나 나만이 가진 개성을 살려 창의적이고 주도적으로 삶을 이끌어 나가는 능력을 키울 수 있도록 돕는 것이 미래교육의 방향이다. 이를 위해서는 학습자 주도성을 신장시킬 수 있는 교육이 무엇보다 중요하다. 남미자 외[2017]에 따르면, 학습자 주도성이란 "학습자가 자신의 학습 계획을 수립하고 달성하기 위해 필요한 학습 전략과 기술을 스스로 선택할 수 있고 학습 내용과 학습 경험을 결정하며 평가까지도 수행할 수 있는 자율적 능력"으로, 가장 발달한 형태의 개별화 학습을 보여 준다는 것이다.

온라인 개학 초에는 대부분의 수업이 영상 콘텐츠 활용 수업과 실시간 쌍방향 수업을 병행하며 이루어졌다. 사회적 거리두기가 완화되면서 등교수업과 온라인 수업이 병행되는 방식으로 바뀌면서 블렌디드 러닝 수업을 시작하게 되었다. 이는 학습 효과를 극대화하기 위해 온-오프라인 학습을 결합한 학습 방법이다. 온라인 화상 수업으로 학생들이 수업 진도에 맞춰 개념을 익히고, 이를 등교수업과 연계하여 적극적인 참여가 가능하게 한 활동 중심 수업이다. 학생들은 온라인 수업에 참여하여 출석 체크를 하고, 개별적으로 학습한 후 온라인을 통해 피드백을 받고 강제적인 자기주도학습 환경에 놓이게 되었다. 등교수업과 달리 혼자 해내야만 한다는 것이 큰 부담이 되었다. 학생들은 외부 콘텐츠 시청, 교사들이 직접 제작한 영상 콘텐츠를 시청, 실시간 쌍방향 수업 등에 참여하는 방식으로 학습하였다. 이러한 온라인 학습은 자기주도학습이 가능한 학생들에게는 유용한 수업 방식이지만, 집중력과 학습 참여도가 낮은 학생들은 스스로 학습 진도를 맞춰 가기 어렵다. 온라인 학습에서 학습자의 적극적인 참여와 자기주도학습 역량, 즉 학습자 주도성이 학습 효과를 높이고 유의미한 결과를 가져온다는 것을 확인할 수 있었다.

급변하는 불확실한 미래 사회를 살아가려면, 학생은 배움에서 주도적인 위치에서 학습의 주체가 될 수 있는 역량을 갖추고 있어야 한다. 교사는 학습과 시공간이 확장된 학습 환경 속에서 삶과 연계된 학습을 설계하여 제공해야 할 것이다. 이와 같은 상황은 온라인 학습이 시작되면서 학생 개개인의 주도성에 따라 개인차를 보이는 것을 통해 알 수 있었다. 학습자 주도성은 학습 능력과도 관련이 있어 보인다. 초등학생은 부모의 영향력이 학습 능력에 영향을 미치기도 하지만, 학습자 주도성은 학부모의 학습 개입과는 별개로 학생 개개인의 능력과도 관련이 있다.

2020년 초등학교 3학년 학급 담임으로 온라인 수업을 운영하면서 초반에는 비교적 비슷한 수준으로 학습이 이루어졌지만, 운영 시기가 장기화되면서 개인 간 학습격차가 눈에 보이기 시작했다. 부모의 영향력보다 학생 개인의 학습자 주도성에 따라 차이가 나타나는 결과를 A, B 학생의 예를 통해 알 수 있었다.

A는 어머니가 베트남 출신인 다문화 가정 학생으로 어머니는 한글을 읽고 쓰기 어렵고 아버지는 직업상의 이유로 자녀와 같이 있을 시간적 여유가 없어 학습에 도움을 주기 힘들었다. A 학생은 온라인 학습이 시작되는 초기에 온라인 기자재를 마련하고 도움을 줄 수 있는 조력자(부모)의 부재로 온라인 학습을 시작하는 데 어려움이 있

었다. 그러나 이 학생은 새로운 학습 방법에 호기심을 보이며 교사의 도움을 바탕으로 누구보다 적극적으로 학습에 참여하였다. 가정에서 과제를 스스로 해결하고, 점차 온라인 학습에 능숙해지며 스스로 학습 절차에 따라 과제를 마무리하는 습관이 정착되었다.

B 학생은 전업주부인 어머니의 도움으로 온라인 학습의 시작이 매우 용이했으며, 학습 과정에 어려움 없이 참여하고 과제물도 높은 수준으로 마무리되었다.

온라인 학습상 두 학생은 모두 학습에 임하는 태도가 바람직했고, 과제물에서도 별다른 차이점을 느낄 수 없었다. 하지만 등교와 원격 수업이 병행되면서 두 학생의 차이를 확인할 수 있었다. A 학생은 등교수업에서도 온라인 수업과 차이 없이 적극적으로 수업에 참여하고 모둠 활동을 주도적으로 이끄는 모습을 보이며 학습에 즐거움을 느꼈다. 반면 B 학생은 온라인 학습 때와는 다르게 교사의 지시만을 기다리고 새로운 문제 상황이 생기면 다른 학생들이 문제를 해결하길 기다리는 등 매우 수동적인 모습을 보였다. 온라인 학습과 전혀 다른 학습 태도에 교사는 당황스러웠다. 그리고 등교수업의 비율이 높아지며 A 학생은 주변 학생들에게 모범적인 사례로 신뢰와 지지도가 높아지는 반면, B 학생은 주변 학생들에게 의존하는 성향을 보이며 학교생활에서 차이를 나타냈다.

교사가 학습 과정을 확인하기 어려운 온라인 수업에서는 A, B 학생 모두 수업에 어려움 없이 참여하는 듯 보였다. 그러나 등교수업에서 수업에 참여하고 해결하는 과정을 관찰하며 A 학생이 B 학생보다 학습 참여도가 적극적이며 주도적임을 알게 되었다. 부모의 학습 관여도는 학생의 단기적인 학습 결과에 영향을 미칠 수 있지만, 학생 개인의 주도성은 장기적으로 학생의 성장에 많은 영향을 미칠 수 있음을 확인하게 되었다.

학습자 주도성은 온라인 학습뿐만 아니라 학교생활 전반에서도 중요한 역량이다. 주도성의 정도에 따라 학교생활의 참여도와 흥미도가 다르게 나타나며, 그에 따른 결과도 다르다. 교과서에서 주어진 지식을 모든 학생이 똑같이, 같은 속도로 획일적으로만 학습한다면 창의적인 사고 능력을 키울 수 없다. 미래 사회의 주인으로 살아가기 위해서는 학습자 주도성이 무엇보다 필요하고, 갖추어야 할 필수 역량일 것이다.

미래교육의 주인에게 필요한 역량

코로나19는 기존 교육의 패러다임을 순식간에 변화시켰다. 새로운 온라인 기자재 활용에 잘 적응하는 교사와 학생들에게는 새로운 발전의 기회가 되기도 한다. 반면, 변화에 두려움과 어려움을 느끼며 적응에 거부감을 보이는 학생들에게는 학습결손이나 교육격차를 경험하는 위기가 되었다. 미래교육은 학교에서 학습하고 교실에서 실천하는 것으로 끝나는 교육이 되어서는 안 된다. 학생들이 학습한 내용을 학교와 가정, 사회에서 책임감을 갖고 주도적으로 실천할 수 있는 역량을 갖추어서 미래교육의 주인공으로 성장해야 한다.

학생들이 살아갈 미래는 단순 지식을 암기하고 정보를 습득하는 시대가 아니라 넘쳐나는 정보들 속에서 이를 활용하여 창의적으로 재생산할 수 있는 능력이 요구되는 시대이다. 이상은과 소경희[2019]는 환경적·사회적·경제적 도전에서 학생들이 사회를 변혁하고 더 나은 미래의 삶을 만들어 가는 세계에 참여하는 책임의식을 갖는 역량을 '변혁적 역량'이라 규명하였는데, 'OECD 교육 2030'에서 주목한 역량은 '학습자 주도성student agency'으로 이는 적극적인 참여로 사람, 환경 등에 더 나은 방향으로 영향을 미치려는 책임의식을 갖는 성향을 말한다.

급변하는 미래 사회를 살아갈 학생들에게는 위기에 대처하는 능력, 즉 주체적으로 문제를 해결할 수 있는 능력이 요구된다. 다가올 미래에는 코로나 바이러스로 인한 위기 상황이 더 다양한 모습으로 전개될 수 있다. 그러한 상황에서 잘 짜인 매뉴얼을 따라가는 것이 아니라 난관을 극복하고 더 나은 방향으로 나가는 능력이 바로 학습자 주도성이다. 이것이 미래교육의 주인공으로 성장할 학생에게 필요한 역량이다.

학습자 주도 학습에서 교사는 적절한 지원scaffolding을 제공하는 학습의 촉진자가 되어야 한다. 또한 학습자와 상호 협력적인 관계를 형성하면서 학습자의 학습을 지원하는 파트너가 되어야 한다. 교사는 학생들의 역량이 성장할 수 있도록 적극적으로 근본적인 질문을 던져야 하며 학습의 결과를 통해 학습자가 성취해야 할 도달점에 대해 학습자, 학부모와 함께 정확히 인지하고 있어야 한다.조윤정, 2017

미래교육의 주인으로 성장하기 위해서는 학생이 주도적으로 학습을 시작하고, 학습의 방향을 설정해, 지속적으로 나아가는 학습 동기를 갖추고 있어야 한다. 학생이 원하는 학습의 목표를 설정하여 이를 이루기 위해 포기하지 않고 끝까지 수행할 수 있도록 자기를 통제하고 조절하는 능력인 자기조절능력과 회복탄력성이 필요하다. 회복탄력성은 불리한 상황을 극복하고 다시 시작하여 성공하려고 노력할 수 있는 능력으로, 불안전한 미래에 주체적인 삶의 태도를 지니기 위해서 꼭 필요한 능력이다. 예측 불가능한 일들을 경험하며 쉽게 포기하고 좌절하지 않고, 실패를 딛고 다시 도전하며 새로운 목표를 설정해 주도적으로 문제를 해결하면서 나아가는 능력이 무엇보다 필요하다.

이러한 자기조절능력과 회복탄력성이 부족한 학생들은 코로나 팬데믹 상황에서 이전과는 다른 학교생활을 경험하며 혼란과 어려움을 겪게 된다. 난관을 극복하고 적응하지 못한 채 쉽게 포기해 버리곤 하는데, 이를 극복하려면 내적 동기를 강화하고 적극적으로 학습에 참여하며 자기효능감을 통해 학습자 주도성을 높여야 한다. 새로운 것을 경험하고 배우는 것을 두려워하지 않으며, 실패를 회피하려는 본능을 줄여 가야 한다. 학생이 분명한 목표를 세울 수 있는 환경을 조성하는 것이 중요하다. 목표 없는 항해는 방향성을 잃고 지속적으로 나아가고자 하는 의지를 얻지 못해 결국 바다 한가운데 표류하게 되고 만다.

이처럼 미래 사회에서는 분명한 목표를 설정하고, 그 목표를 이룰 수 있게 실천하는 추진력을 갖추어야 한다. 교사는 학생이 신뢰할 수 있는 능력을 갖추고, 학습자의 주도성이 발현될 수 있는 촉진자로서 역할을 다하고, 학습 환경을 조성할 수 있어야 한다. 자신이 살아가는 사회의 문제를 인식하고 이를 해결하기 위한 지식과 기능, 태도를 길러야 하며, 이를 활용하여 문제를 적극적으로 해결하는 성공 경험을 갖게 하는 것이 중요하다. 성공을 경험한 학생은 학생주도성의 계기와 지속적인 실천력이 강화되어 주도적으로 학습하고자 하는 의지를 갖게 되기 때문이다. 더 나은 삶을 살아가기 위해 불확실한 상황에 능동적으로 대처할 수 있는 역량과 인생 전반의 궁극적인 목표를 설정하여 주도적으로 학습에 임하는 태도를 키운다면, 미래교육의 주인으로 성장할 수 있을 것이다.

5장
수업은
어떻게 달라져야 하는가?

허연희

#1 2020년 10월 14일(수)

"우리 4반 친구들, 내일은 원격수업이 있는 날이에요. 내일은 줌에서 만나요! 이제 우리 반 줌 수업 주소는 다 외웠지요? 한 명도 빠짐없이, 지각하지 말고요^^"

"예~! (환호하며) 내일은 줌으로 뭐 해요? (기대하는 표정으로) 이번에도 소회의실에서 회의해요??"

"야, 방금 알림장 쓸 때 이번에는 줌에서 만들기 수업해 본다고 선생님이 말씀하셨잖아~!"

"아, 맞다! 그랬지? 히히… 내일은 또 다른 걸 하네? 기대된다, 히히."

오늘은 수요일. 이번 주의 등교수업 마지막 날이다. 내일과 모레는 온라인 수업을 해야 하니 설명할 것도 많고 나누어 줘야 할 학습꾸러미들도 있어서, 마쳐야 할 수업 시간을 넘겨서야 알림장을 쓰고 있다. 다음 줌 수업이 기다려진다는 말에 기분이 좋아지는 건 어쩔 수 없는 사실이지만 이 녀석들의 기대에 찬 말 한마디에 다음 줌 수업에는 또 무슨 신나는 수업을 준비해야 할까 고민하게 된다. 그러고 나선 절대 빠뜨릴 수 없는 점심 식사 전 발열 체크를 마치고 후다닥 급식실로 내려가서 오물오물 점심 식사를 마치면서 바빴던 오전 일과를 마무리한다. 바로 이어지는 목, 금요일 온라인 학습과 쌍방향 수업을 위한 교육과정 콘텐츠 활용 협의와 다음 주 주간교육계획 및 교육과정 회의… 그야말로 정신없는 하루하루를 보내고 있는 교육현장의 모습이다. 코로나로 인해 조심스럽게 운영되어 가고 있던 학교의 모습도 10월 들어 학생들의 등교 횟수와 등교 인원이 많아지니 비로소 학교다워진 것 같아 흐뭇하면서도 항상 조마조마한 마음을 떨칠 수가 없다.

17년간의 교직생활 중에서 그야말로 가장 숨 가쁘고 힘들게 달릴 수밖에 없었던 코로나 상황에서의 교실 모습을 적어 내려간 교단일기다.

2020년 4월, 우리는 코로나 바이러스라는 재해 상황으로 공교육 사상 최초의 온라인 개학을 하게 되었다. 그 이후 예상을 뒤집는 결말로 관객을 놀라게 하는 그 어떤 영화보다 더 변화무쌍한 상황에서 등교수업과 온라인 수업을 병행하며 1년 반을 지내고 있다. 언론에서는 교육현장의 혼란과 대응 부족으로 인해 학생들의 배움의 격차 심화, 돌봄의 공백 문제 등을 연일 비판적으로 다루었다. 하지만 교육현장에 있는 교사의 입장에서는 현장의 어려움을 모르는 외부의 질타가 너무나도 서운하고 억울하기 짝이 없었다. 당장 내일의 등교 방식이 어떻게 정해질지를 전혀 예상할 수 없는 안갯속 상황, 그에 대비할 지원(하드웨어적-소프트웨어적인 모든 면)이 전무한 여건에서도 교사들은 스스로 알아서 수업을 준비하고 교육 활동을 하기 위해 부단히 애를 썼다. 학생과 학부모들은 부족하지만 어떻게든 소통의 창구를 마련한 학교의 안내에 따라 수업에 임했는데, 극적인 상황을 극복하며 노력하는 그 모습이 감동적인 드라마를 보는 듯도 했다. 이러한 과정을 지나면서 교실 수업의 모습은 커다란 변화를 겪게 되었고, '포스트 코로나 시대의 미래 학교에서는 무엇을, 어떻게 가르쳐야 하나'라는 논의가 자연스럽게 이야기되고 있다.

이 장은 작년부터 2021년 6월 현재까지 코로나 팬데믹 상황에서 실제로 교실 수업을 진행하고 있고, 미래 학교의 모습을 준비하고자 노력하는 초, 중, 고등학교 교사 17분과의 면담 내용을 토대로 작성

되었다. 먼저 2021년 현재까지 코로나 상황에서의 교실 수업의 대표적인 모습을 두 가지 상반된 관점에서 되돌아보았다. 다음으로 그 모습들을 통해 얻은 교훈을 생각해 보고, 이를 바탕으로 포스트 코로나 시대의 수업을 위해 준비되어야 할 점들을 제안해 보고자 한다.

코로나19
교실 수업 성적표

수업에 어려움을 겪는 학생들 대 자기주도적인 학습자

어쩔 수 없는 상황에서 대안으로 시작된 온라인 수업은 학생에게도 교사에게도 모든 게 처음이다 보니 낯설고 두렵기도 했다. 하나에서 열까지 어려웠다. 온라인 수업의 초기에는 스마트 기기가 갖춰지지 않은 학생들을 어떻게 지도해야 할지 막막했다. 스마트 기기는 갖추었지만 활용 능력이 부족한 학생들에게 온라인 플랫폼의 회원 가입 방법, 로그인하는 방법, 화면에서 어떤 부분을 클릭해서 수업에 참여해야 하는지까지 온라인상으로 알려 주기에는 너무 많은 에너지가 들었다. 초등학교에서는 긴급돌봄으로 학교에 나와 교실에 앉아 있는 학생들과, 화면 너머의 집에서 온라인 수업을 하는 학생들을 동시에 지도해야 하는 상황도 발생했다. 학생들과 대면하여 조사, 발표하고 실험하는 등 실질적인 탐구와 활동 중심의 수업이 불가능했으므로, 콘텐츠 중심과 단방향 형태의 일방적인 강의식 수업을 진행해야 했다.

또한 지필의 비율이 늘어난 평가 방식으로 인해 수행의 비율을 낮춰 학생들의 모둠 수업이나 실험 수업 등을 거의 하지 못했다. 이마저도 학생마다 디지털 기기와 콘텐츠 활용 역량의 차이가 커서 교사의 안내 없이는 수업에 어려움을 겪는 학생들이 너무 많았다. 컴퓨터 모니터를 멍하니 바라보고만 있는 경우가 허다해 자기주도적 학습능력을 갖춘 학생들이 아니면 수업 자체를 따라오기 힘들었다. 교사 일방적 콘텐츠 전달 중심 수업에서는 학생들의 배움과 발전 정도를 파악하기 힘들었다. 그나마 실시간 쌍방향 수업이 시작되면서 서로 소통하면서 학생의 배움 정도를 파악하고, 수업의 재구성을 통해 학생들의 수준에 맞는 수업을 진행하려는 시도가 계속되었다. 하지만 등교수업만큼의 교육적 효과를 기대하기에는 역부족이었다.

그런데 코로나 상황에서 '학생 중심의 자기주도적 학습'이라는 고민을 풀리지 않는 숙제처럼 안고 있던 필자에게 하나의 방안을 제시해 준 사례도 있다. 수업을 마무리하면서 마지막으로 오늘의 배움 내용을 정리하는 PPT를 함께 보고 배움공책에 배움 내용을 정리하고 있었는데, 한 학생이 혼잣말로 이런 얘기를 한다.

> "아, 나 아직 다 못 썼는데 자꾸 넘어가네. 온라인 수업할 때는 내가 이 화면 멈추고 천천히 쓰고 나서 다시 틀면 되는데… 아, 팔 아파라."

이 얘기를 듣고 온라인 수업으로 공부할 때 좋은 점이 무엇인지 아이들과 잠시 이야기를 나누었다. 아이들은 생각했던 것보다 많은 장점을 들려주었는데, 먼저 온라인 수업을 통해서 자신의 속도에 맞게 수업할 수 있다는 점을 꼽았다. 학생들은 시간이나 공간의 제약 없이 학습이 일어날 수 있음을 경험하게 되었고, 교과서 말고 더욱 다양한 수업 도구들도 자연스럽게 활용했다. 온라인 수업을 잘 활용한다면 배움의 환경과 형식이 매우 다양해지고, 학생들에게 훨씬 더 자기주도적인 방법으로 배움을 이끌어 줄 수 있겠다는 생각이 들었다. 좀 더 발전적으로는, 배움 후에 더 알고 싶거나 부족한 점을 바로 찾아보고 온라인 공간에 질문을 하면 즉각적인 피드백 등의 방법을 통해서 학생들이 배움에 주체적으로 다가설 수 있으리라는 생각도 해 보았다.

소통의 부재 VS 활발한 상호작용

교사가 교실 수업에서 생동감과 뿌듯함을 느끼는 순간은 아마 학생들의 말과 표정, 움직임, 눈빛을 통해 해당 수업에서 목표로 했던 배움이 일어났음을 확인했을 때일 것이다. 학생들이 배움에 도달하도록 대면수업에서는 교사도 말과 표정, 때로는 행동으로 학생들에게 와닿도록 설명하고 다양한 활동들을 준비한다. 하지만 온라인 수업에서는 아이들의 반응을 살필 기회가 적고, 교사가 준비한 것을 학생들에게 일방향으로 전달하다 보니, 교사와 학생 사이 또는 학생들 사이에 상호작용의 기회가 거의 없었다. 또한 학생들을 온라인으로만 만나거나 등교일수가 매우 적어 학생들의 수업에 대한 이해 정도를 파악하고 개별적인 피드백을 주기가 어려웠다. 학생들도 온라인 수업의 가장 아쉬운 점으로 대면수업에서 이루어졌던 상호작용과 사회성 함양의 기회가 줄어든 것을 꼽는다.

그러나 시간이 흐르면서 원격수업의 양적 확대와 다양한 질적 수준 향상을 통해 상호작용 활성화에 희망적인 부분도 발견하게 되었다.

"원격수업 시 다양한 콘텐츠를 활용하여 실시간 또는 일대일 피드백이 가능해졌어요. 다양한 앱을 통해 학생들의 수업 결과물을 공유하고 포트폴리오 형식으로 보관할 수도 있고. 교사뿐만 아니라 학생들도 친구들의 결과물에 대해 의미 있는 피드백을 할 수 있는 기회가 제공되었죠. 그리고 교실 수업에서는 몇몇 학생들에게만 발언권이 주어졌지만, 원격 상황에서는 더 많은 학생들의 참여를 이끌어 낼 수 있었어요. 조용한 학생들도 잼보드나 멘티미터 앱을 활용하여 자신의 이야기를 자유롭게 표현할 수 있었고요. 다소 느리기는 하지만, 학생들의 배움과 성장이 이루어지고 있다고 생각해요. 지금은 변화하는 수업환경에 교사나 학생들이 적응해 가는 시기죠. 1년 반의 성과치고는 이 정도면 괜찮은 거 아닐까요?"_교사 A(중학교)

수업에 대해 깊어진 고민

코로나 팬데믹 상황에서의 수업 경험에 대한 반성적 성찰을 통해 교사들은 학생과의 정서적 교감과 소통에 집중하고, 학생의 성장과 배움 목표의 도달도를 높일 수 있는 수업에 대한 고민이 깊어지고 있다. 중고등학교에서는 이전에는 반에 따라 수업 내용을 달리하면 안 되니 전하려는 내용을 균일화하는 데 중점을 두었다. 그런데 온라인 수업에서 활용할 강의 자료를 만들 때는 한 번으로 끝나는 수업이 아니라 지속적으로 더해지고 심화시킬 자료를 만든다는 생각이 들었고, 자연스럽게 온라인 콘텐츠 제작할 때 명료한 설명으로 전달할 내용을 잘 담아내고자 노력하게 되었다. 반마다 같은 강의를 공유해 업로드하지만, 온라인 수업이 지속되고 학생들의 수업에 대한 피드백이 더해지면서 강의 내용이 훨씬 다양해졌기 때문이다. 과제물을 제시할 때도 미리 상세히 설명하고, 학생들이 이해하기 쉽고 개별화될 수 있게 나타내고자 노력했다. 수행평가나 진도 일정을 계획할 때도 온라인 일정과 학교 일정을 세심하게 참고해야 했는데, 주나 월 수준, 크게는 학기 수준에서 좀 더 계획적인 수업이 이루어졌다.

초등학교에서는 교육 활동에 몸으로 움직이는 활동이 많이 포함되어 있고, 친구들과 협동해서 과제를 해결하는 활동을 함께 하게 된다. 온라인 수업에서 이러한 수업 방법을 구현하기 위해 다양한 방법들이 시도되었지만, 아직도 가장 어려운 점이다. 학생과 교사가 같은 공간에서 움직임을 같이 해 보는 활동이나 친구들과 얼굴을 맞대고 토의하는 협동학습 등은 오프라인 학습과 동일한 효과를 얻기가 참 어렵다. 그래도 계속 고민하면서 해결 방법을 찾기 위해 노력하고 있다.

코로나 시국(?)의 교실에서 얻은 교훈

학교의 재발견

"선생님, 교실에서 선생님이 설명해 주시니까 확실히 이해가 잘돼요."_학생 A

"선생님이랑 친구들을 만나러 가는 날이라서 그런지 오늘 아침에는 일찍 눈이 떠졌어요. 신기하죠?"_학생 B

"요즘 한동안 ○○이가 너무 말을 하지 않아서 걱정했는데, 학교 갔다 온 날은 친구 이야기, 급식 이야기, 수업 시간 이야기들을 신이 나서 하네요. 다행히 한시름 놓았어요, 선생님."_학부모 A

"학생들이 없는 학교는 좀 심심했어요. 그런데 학생들이 학교에 나오니까 엄청 바쁘기는 한데 엄청 보람차고, 직접 소통하는 게 얼마나 중요한 건지 더 느끼게 되네요. 올 초에 긴 기다림 끝에 아이들을 처음 만난 날은 뭐랄까… 신규 교사로 돌아간 기분이랄까?" _교사 B(초등학교)

작년과 올해, 온-오프라인상의 다양한 수업을 통해 교육공동체가 얻게 된 가장 큰 교훈은 학교의 소중함을 더욱 크게 느끼게 되었다는 점일 것이다. 물론 학생들이 매일 등교하던 때에도 학교는 소중한 곳이었다. 하지만 지금도 코로나 팬데믹을 겪고 있는 학생, 학부모, 교사들은 입을 모아 학교의 소중함과 필요성을 이야기한다. 그런데 아이들이 친구를 만나고 상호작용해야 하는 것의 필요성을 못 느끼는 경우가 있다거나, 상호작용의 기회가 너무 적어 교우관계에 어려움을 겪는 것에 대한 학부모 상담이 많이 늘었다. 이는 한 인간의 전인적 성장에는 학교가 꼭 필요한 곳임을 반증한다. 앞으로의 학교는 학생들이 더욱 활발한 상호작용을 통해 인간으로서 살아가는 데 필요한 인성을 배우고 실천할 수 있도록 돕는 곳이 되어야 할 것이다. 또한 학생들이 살아갈 마을과 지역사회, 더욱 확대된 공동체에서 문화를 형성하며 성장해 가는 시민을 길러 내는 역할이 더욱 중요해질 것이다.

배움의 시공간적 영역의 확대

코로나 바이러스는 일상적인 등교를 불가능하게 만들었고, 이러한 현상은 공동체로 운영되는 군집 형태의 학교가 가진 한계를 여실히 보여 주었다. 대면 접촉이 어려워지고, 실물 교구를 직접 공유하는 것이 어려워졌으며, 시공간을 가로질러 사람을 연결해야 하는 초유의 사태가 발생한 것이다. 따라서 학교교육은 기존의 등교 교육 방식으로는 더 이상 정상적인 수업을 할 수 없게 되었고, 이에 대한 대안으로 경기도교육청에서는 블렌디드 러닝 수업을 제시하였다. 블렌디드 러닝은 역량 기반 교육과정을 바탕으로 배움 중심 수업과 성장 중심 평가를 온전히 실현하기 위한 온-오프라인 병행 수업을 의미한다.경기도교육청, 2020

온-오프라인 병행 수업을 실천해 본 결과, 미래교육 차원에서의 함의점 가운데 하나로 다양한 정보화 기기들을 통한 온라인 교육을 실행해 보았다는 점을 들 수 있다. 대면하지 않고서도 수업이 가능하다는 것은 그동안 우리가 가져왔던 편견, 즉 학교교육은 학교라는 물리적 공간 안에서 주로 이루어진다는 생각을 바꿀 수 있는 계기가 되었다. 시공간의 제약을 받지 않는 온라인을 통해 다양한 교육이 가능할 수 있다는 점을 일깨워 주었다.

"개인적인 소견이지만 온라인 수업만이 대안이 아니라는 생각이 강하게 듭니다. 누구든 하루에 7시간씩 모니터를 보고 있는 것은 엄청난 고역이고 피곤한 일이라고 생각됩니다. 결국 미래교육도 온라인으로 완전히 넘어가지는 못할

거라는(또는 넘어가면 안 된다는) 생각이 듭니다."_교사 C(고
등학교)

한편, 역설적으로 학교라는 물리적 공간의 중요성을 다시 한번 느
낄 수 있었다. 결국 배움은 개인적으로 일어날 수도 있지만, 공동체
와 함께 이루어 가는 배움이 훨씬 더 큰 의미와 중요성을 갖는다는
것을 느꼈다. 앞으로 두 가지 측면을 적절하게 조화시키는 것이 미래
교육의 숙제라는 생각이 든다.

집단지성의 힘과 교육과정 재구성 능력의 발산

교사들은 처음 겪게 된 원격수업 상황이 당황스럽고 답답하여 어
떻게 헤쳐 갈지 암담했지만, 함께 부딪혀 겪으면서 문제 해결을 위한
돌파구를 찾게 되었다. 자연스럽게 수시로 모여 함께 이야기 나누면
서 다양한 방법으로 수업을 연구하고, 콘텐츠를 제작하고, 여러 가지
를 배우게 되었다. 갑자기 닥친 힘든 상황이 미래교육을 앞당기게 되
었고, 이 상황을 해결하기 위해 자의든 타의든 연구하는 교사로 거
듭나게 하는 등의 긍정적인 부분도 있었다. 걱정이나 절망에 빠지지
않고 서로를 믿고 아이디어를 발산하며 집단지성을 발휘하여 함께
전진해 나가는 모습을 직접 경험하게 된 것이다. 교사들은 앞으로도
이러한 어려움을 극복할 회복탄력성을 지니고 성장하는 공동체로 거
듭날 수 있을 것이다.

"가 보지 않은 길을 처음 갈 때는 두렵고 힘든 것이 사실입니다. 하지만 집단지성과 협력을 바탕으로 그 길을 당당하게 헤쳐 갔던 것처럼 미래교육에서 어떠한 상황에 펼쳐지더라도 자신감을 가지고 헤쳐 갈 수 있다는 점을 체험한 것이 이번 코로나19 상황에서의 가장 큰 교훈이라고 생각합니다." _교사 D(초등학교)

또한 블렌디드 수업 형태로 운영해 보니, 교과서대로 가르치는 것이 아니라 그야말로 삶의 맥락 중심의 교육과정 재구성을 해야 하는 경우가 많아졌다. 이를 통해 유연성을 가지고 교육과정을 바라보는 안목도 기를 수 있었다. 앞으로는 교사 중심의 협력을 바탕으로 교사별 교육과정 설계가 더욱 활발하게 이루어질 것이다. 더 나아가 학생들과 함께 교육과정을 재구성해서 학생들의 삶의 맥락과 연결되는 수업을 진행하는 실천 사례들도 더욱 늘어날 것으로 기대된다.

포스트 코로나 시대의 수업을 준비하며

학생들의 삶을 살피는 수업

온-오프라인 수업을 동시에 준비하는 것은 학생들이 학교에 매일 등교할 때보다 훨씬 더 구체적으로 배움의 목표에 따라서 배움의 과정을 미리 계획해야 한다는 것을 의미한다. 미래교육에서의 수업은 어떤 형태의 수업 상황에서든(블렌디드 러닝 수업을 진행하든 안 하든) 학생들의 삶을 맥락으로 수업을 진행해야 한다. 우리는 이미 코로나 팬데믹 상황을 극복하는 수업을 통해, 교사가 학생들에게 학습과 삶의 연계성을 알려 주고 학습자 삶의 맥락 속으로 확실히 들어가는 수업을 했을 때 그들에게 영감을 줄 수 있고, 학생들이 진정한 배움에 도달할 수 있음을 경험했기 때문이다. 이를 위해 학생들의 필요나 관심과 흥미, 학습 방식, 역량, 진로 등을 고려한 교육과정 재구성으로 학생들의 교육과정 참여도를 높이고, 개인에 적합한 개별화 교육과정을 제공하기 위해 교수 방법도 유연화해야 한다. 실제 삶의 맥락에서 추진하는 프로젝트 학습이나 지역기반 학습의 활용 등을 통해 학생들을 능동적인 배움으로 초대하는 것이 수업의 성공을 좌우하는 초석이 될 것이기 때문이다.

변화에 대한 대처 능력: 배움의 의미 강화

세계적인 석학 유발 하라리[2018]는 『21세기를 위한 21가지 제언』에서 학교의 교육 내용을 4C, 즉 비판적 사고critical thinking, 의사소통 communication, 협력collaboration, 창의성creativity으로 전환해야 한다고 강조했다. 또 변화에 대처하고, 새로운 것을 학습하며, 낯선 상황에서 정신적 균형을 유지하는 능력을 가르쳐야 한다고 말했다. 또한 OECD는 미래 사회에 대비하기 위해 길러 주어야 할 능력과 관련하여 '미래교육 2030'을 통해 새로운 가치 창출, 긴장과 딜레마 조정,

책임감 등을 포함하는 '변혁 역량'을 미래교육의 과제로 제안하고 있다.황규호, 2020

작년 한 해는 잦은 학사일정 변경으로 일관성 있는 교육 활동을 이어 가기가 매우 어려웠다. 하지만 우리는 한 단계 성장했고 올해는 훨씬 나은 모습으로 학생들을 만나고 있다고 생각한다. 이러한 경험을 토대로, 우리는 학생들과 배움의 의미와 목표 설정을 이야기할 때, 현재의 문제 해결 방법을 가르쳐 주는 것에서 더 나아가 변화무쌍한 미래에 대한 대처 능력을 길러 주는 데 더욱 중점을 두어야 한다. "미래를 예측하는 최선의 방법은 미래를 만들어 내는 일이다"라는 말처럼, 예측 불가능한 미래를 살아갈 학생들에게 진짜로 필요한 교육은 현실 대응 자세보다는 스스로 미래를 개척하는 능력을 길러 주는 것이 아닐까?

배움의 주인의 자리를 학생에게 돌려주기

온라인 학습의 영역이 확대되면서 자기주도 학습이나 개별화 학습, 컴퓨터 기반 학습 등의 영향으로 학생들의 자율성과 주도성이 훨씬 중요한 학습 요소로 간주되고 있다.Rashid & Asghar, 2016 특히 코로나 바이러스를 겪으면서 온-오프라인 병행 수업에 익숙해진 우리 학생들이 더욱 자발적이고 역동적이며, 협동적인 학습자가 될 수 있도록 수업을 운영해야 한다. 요즈음 교사들은 여러모로 달라진 학습 환경과 학습자에 맞춘 미래교육에 대비하려는 고민이 더 깊어지고 있다. 이러한 고민과 그 해결 과정은 학생이 배움의 주인이 되어야 한다는 확고한 생각에서 나오는 것이다. 돌아보니 동료 선생님들과 우리 반 학생들과 함께했던 코로나 팬데믹 상황에서의 색다른 경험들은 학습자가 자기 자신에 맞는 배움을 경험하고, 그 배움을 실천하는 삶의 주인으로 설 수 있는 또 다른 방법들을 알아 가게 하는 소중한 시간이었다고 감히 말할 수 있겠다.

소통과 협력의 수업 모델

지난 1년 반 동안 코로나 팬데믹 상황에서 교실 수업을 진행하면서 대면 소통이 줄어들어 아쉬운 부분이 많았다. 하지만 그동안 불필요했거나 굳이 만나서 하지 않아도 되는 일들이 많았던 건 아닌가 하는 새로운 시각도 있다. 그동안 학생들이 원격수업을 했던 것처럼 교사들도 원격연수나 화상회의를 진행했는데, 이를 통해서도 집합연수 못지않은 효과가 나타났다. 대면 활동에서의 불필요한 비용이나 에너지를 절감할 수 있다는 새로운 점이 발견된 것이다. 이러한 경험을 바탕으로, 포스트 코로나 시대에 원격이나 온라인 소통과 오프라인 소통을 적절하게 병행한다면 훨씬 효율적이면서도 수업자의 참여도를 높일 수 있는 새로운 수업 모형을 발전시킬 수 있으리라 기대한다. 소통하고 협력할 수 있는 수업 모델의 개발이 절실하다.

> "시간이 흐르면서 영상물과 같은 수업 콘텐츠는 워낙 공유가 잘되어 부족함을 못 느꼈지만, 학생들이 모두 각자 자기 집에서 수업을 듣다 보니 서로 협업하며 활동할 수 있는 콘

텐츠가 부족하다고 느꼈습니다. 예를 들어 모둠원들이 정해진 규칙에 따라 어떤 형태의 완성물을 함께 만들고 이를 통해 교과 내용을 학습할 수 있는 새로운 형태의 모둠학습 콘텐츠가 개발된다면 좋을 것 같습니다." _교사 E(고등학교)

코로나 이전에는 학생들의 활동과 소통을 위한 모둠 활동 중심의 수업을 계획했으나, 이후에는 타인과 접촉을 최소화할 수 있는 개별 활동 위주의 수업을 계획하게 되었다. 수업 시간에도 공용 물품 사용이 불가한 상황이라 공동 과학 실험이나 협동 게임 등의 활동을 할 수 없어 수업 시간 내내 단편적인 지식 전달에만 그칠 때가 많아졌다. 코로나 바이러스 시대는 타인과의 접촉과 협동이 얼마나 소중했는지를 깨닫게 했다. 이 교훈을 잊지 말고, 포스트 코로나 시대에 걸맞은 협력과 소통의 수업 모델을 확대해 가야 한다.

변화하는 상황에 유연하게 대비하는 교사 리더십

언제 닥칠지 모르는 불가피한 상황에 유연하게 대비하는 교사 리더십이 더욱 중요해졌다. 선생님 한 분은 이번 상황을 겪으면서 미래 교육을 준비하는 차원에서 어떤 생각을 하게 되었는지를 묻자, "늘 변화에 대비하여 노력하고, 변화가 있을 때 두려워하지 말고 발 빠르게 그 변화를 리드해야 한다"는 교훈을 얻었다고 이야기해 주셨다. 우리는 앞으로 겪게 될 사회의 변화는 이전까지는 겪어 보지 못한 것들이며, 그 속도 또한 매우 빠를 것임을 알게 되었다. 또한 많은 사람들이 공교육이 이러한 변화에 매우 취약하다는 것을 느꼈을 것이다. 미리 준비하지 않는다면 또 우왕좌왕하면서 주변의 신뢰를 잃을 수도 있다. 이에 교사들은 어떠한 상황에서도 대처 가능한 유연한 전문성을 기르기 위해 노력해야 할 것이다.

6장
교실 내 학습격차를
어떻게 줄일 수 있을까?

이하영

코로나 팬데믹 상황과
학습격차

코로나 바이러스로 개학이 미뤄진 상황, 교육현장은 아이들을 위한 수업만큼은 차질없이 이루어져야 한다는 책임감으로 가득 찼다. 많은 선생님들이 다양한 수업 플랫폼을 찾아 활용 방법을 익히고, 이를 수업으로 엮어 가면서 단기간에 학교 수업을 정상화하였다. 아무도 가 보지 않은 길이지만 위기에서 희망을 찾아 나갔다. 하지만 우리는 이 과정에서 빈부격차에서 이어지는 정보격차, 학습격차라는 더 불편한 상황을 마주하게 되었다. 더 늦기 전, 나의 교실 속 상황부터 점검이 필요했다.

코로나 바이러스 이전과 이후, 나의 수업에서 가장 크게 달라진

점은 무엇일까? 그것은 바로 공간과 시간의 경계가 무너졌다는 것이다. 코로나 바이러스 이전에는 교실에서 50분 동안 수업이 이루어졌다. 같은 공간과 시간 속에서, 동일한 수업 목표를 향해 비슷한 속도로 수업이 진행되었다. 나는 이 과정에서 학생들의 학습 태도를 살피고, 이해도를 점검하며 수업을 진행할 수 있었다. 의지가 약하거나 집중력이 떨어지는 학생들과는 상호작용을 통해 학습 태도를 바로잡아 나갔다.

그런데 원격수업은 이러한 직접적인 피드백이 어렵다. 화면이나 채팅, 전화 통화만으로는 학습 태도를 확인하며 학습을 유도하는 데 한계가 있다. 또 학습 공간이 다르고 학습 시간도 다양하다. 학생들은 서로 다른 환경에서 동시 또는 비동시적으로 수업에 접속하고, 학습이 완료되는 데 걸리는 시간도 각기 다르다. 교사와의 상호작용에서도 적극성을 보이는 아이들과는 소통이 강화되지만, 소극적인 학생들과는 말 한마디 나누기도 어렵다.

상황이 이렇다 보니 학생들 간 학습격차가 누적되고 있다. 사실 열심히 하는 학생들, 상위권 학생들은 원격이든 대면이든 상황을 가리지 않는다. 문제는 중하위권의 학생들이다. 특히 원격수업에서 자기주도적 학습 태도가 갖춰지지 않은 학생들의 학습결손 문제가 심각하다. 그런데도 교사인 나는 학습격차 해소에 온전히 집중할 수 없다. 원격수업에서 출결 확인 부분이 강조되다 보니, 학생들의 학습 상황을 점검하고 피드백을 해 주는 것은 뒷전이 된다. 학생들의 출결 확인을 위해 접속 시간, 이수율, 과제 등을 확인하느라 많은 시간을 할애하고 있다. 이러한 상황에서 출석 확인만 마친 후, 원격수업의 사각지대에서 학습에 제대로 참여하지 않는 학생들이 늘어나고 있다. 원격수업 과정에서 학습결손과 학습격차 문제가 점점 일상화되고 심각해지고 있다.

코로나 바이러스가 수업에 던진 질문은?

교사로서 이러한 문제들을 마주하며 지금까지 학교는 어떤 곳이었는지, 그리고 앞으로 어떠한 역할을 해야 하는지를 다시 생각하게 되었다. 어떻게 수업을 설계해야 할지에 대한 고민이 깊어졌다. 교사와 학생들이 가장 오래, 가깝게 마주하는 시간이 바로 수업이기 때문이다.

'2020년 시작된 코로나 바이러스 상황이 수업에 던진 질문과 과제는 무엇일까? 학교가 학습격차를 줄일 수 있는 공간이 되려면 가장 먼저 수업이 바뀌어야 하지 않을까? 학습격차를 줄일 수 있는, 학생 한 명 한 명의 소중함과 개별성을 지켜 줄 수 있는 수업이란 무엇일까?'

여러 가지 질문들이 머릿속을 맴돌았다. 이러한 성찰과 반성 속에서도, 나의 수업 곳곳에서 학습결손과 학습격차 문제는 점점 더 커지고 있었다. 격주 등교가 이루어지면서 특히 원격주간에 학습한 내용에서 학습결손이 누적됐다. 이 상황에서 진도만 나가는 것은 학습 격차 문제를 심화시킨다고 판단했다. 아이들은 원격과 대면수업, 수업과 학습 사이에서 배움의 연결고리가 끊긴 상태이기 때문이다. 수업 방법에 대한 성찰과 변화가 절실한 시점이었다.

이때 나에게 영감을 준 것은 미래교육에 대한 책들이었다. 코로나바이러스 이후 미래교육에 대한 관심이 커지면서『미래의 학교, 학교의 미래』김재춘, 2018라는 책을 읽게 되었다. 가장 와닿았던 내용은 핀란드의 교육학자 파시 살버그Pasi Sahlberg의 관점이다. 그는 표준화를 강조하는 세계적인 교육개혁 흐름을 비판하면서 아래의 그림을 제시한다.

출처: Sahlberg(2011)

[그림 6-1] 표준화 교육에 대한 비판

그림에서 교사는 "공정하게 평가하기 위해 모두 똑같은 시험을 봐야겠죠. 오늘 시험 문제는 나무 오르기야"라고 말한다. 교실에는 서로 다른 재능과 관심을 가진 다양한 학생이 모여 있는데, 이러한 학생들을 똑같은 시험을 통해 경쟁시키고 평가하려 한다. 과연 이러한 수업과 평가가 무슨 의미가 있을까? 교실에 앉아 있는 새, 원숭이, 펭귄, 코끼리, 물고기, 물개, 강아지에게 필요한 것은 표준화된 교육이 아닌 학생 개개인의 적성과 흥미에 따른 맞춤형 수업, 개별화 교육이다. 나는 바로 이 부분에 주목했다. 동일한 내용을 배우더라도 다양한 방식으로 표현하여 접근하는 것이 중요하다는 교훈을 얻었다. 학생들의 개별성과 다양성에 주목할 필요가 있었다.

코로나 바이러스 이전과 이후의 수업 양상은 완전히 다르다. 대면 수업에서 같은 공간과 시간 속 동시적인 상황을 넘어 원격수업에서 다른 공간과 시간 속에서 다양한(동시성-비동시성) 형태의 학습이 이루어지고 있다. 따라서 학생과 수업에 대한 다름과 다양성을 인정하고 존중할 때, 진정 의미 있는 원격-대면수업이 이루어질 수 있는 것이다. 그래서 나는 학생들의 다양성에 주목하여, 학생들이 더욱 주체적으로 수업 내용과 방법을 선택하도록 수업을 설계했다. 학생들이 학습에 대한 선택권을 갖게 된다면 더 주체적으로 학습에 참여함으로써 학습결손과 학습격차 문제를 줄일 수 있을 것이라는 기대가 생겼기 때문이다.

맞춤형 수업으로
학습의 연결고리를 만들다

　한 교실에서 다양한 방식으로 배울 수 있을까? 한 교실에서 맞춤형 수업이 가능할까? 이러한 질문에 대한 실마리는 미국의 교육 관련 비영리 재단 대표인 새이잔 조지Sajan George의 '블렌디드 학교교육 모델'에서 찾을 수 있었다. 이에 따르면 한 교실에서 면대면 교육과 온라인 교육을 동시에 실시할 수 있다. 각 교실이 4개의 서로 다른 구역으로 나뉘어 있고, 학생들은 각 구역에서 자기 자신만의 학습 경로를 따라 학습한다. 이 블렌디드 학교교육 모델은 학생들 각자의 필요와 학습 속도에 맞게 교육이 이루어지는 것을 보여 준다. 한 교실에 있으면서도 학생들은 각기 다른 공간에서 다양한 방법과 속도로 학습한다.

　나는 이 모델의 '다양한 방법과 속도'를 원격수업의 사각지대에서 발생한 학습결손과 학습격차를 줄이는 방안으로 활용했다. 원격-대면수업의 연결고리로 학생들이 선택할 수 있는 상황을 만든 것이다. 원격수업이 끝나고 이어지는 '첫 번째 대면수업'에서 학생들이 학습방법을 선택할 수 있도록 했다. 그리고 학생들의 학습과 배움이 연결될 수 있도록 새이잔 조지의 모델을 응용했다. 수업에서 교실을 2개의 공간으로 분리하여 세 단계로 운영했다. 다음은 고등학교 2학년 학생들을 대상으로 한 경제 과목의 블렌디드 수업 사례이다.

[표 6-1] 블렌디드 수업 흐름도

수업 주제		II-3. 시장 실패의 의미와 요인 II-4. 정부의 시장 개입과 한계		
차시	수업 유형	수업 방법		
1-3	원격 수업	콘텐츠 영상 제작 또는 ZOOM을 통한 개념학습		
4	대면 수업	〈첫 단계〉 10분 진단평가	〈두 번째 단계〉 25분 학생 맞춤형 선택학습	〈세 번째 단계〉 15분 학습 내용 정리
		• 형성평가 • 퀴즈 풀이 • 학습 방법 선택	• 개념 보충학습 • 도전과제 학습	• 도전과제 풀이 • 발표 및 정리

　첫 단계는 학생들의 학습 상황을 진단하고 확인하는 과정이다. 나는 아이들에게 원격수업 때 배운 내용에 대해 10문제 정도의 퀴즈를 제공하고, 10분 동안 풀 수 있게 하였다. 이때 학생들은 교과서나 학습지를 활용해 답을 찾는 기회를 갖는다. 퀴즈를 제공한 목적이 학습 상황 진단에만 있는 것이 아니라, 학습의 기회를 제공하는 것도 있기 때문이다. 아이들은 교과서를 활용할 수 있었기에 10분이라는 짧은 시간이지만 모두가 집중해서 참여했다. 나는 이때 교실을 순회하며 학생들의 속도와 성취도를 확인하며 참여를 독려했다. 그리고 10분 뒤 퀴즈의 정답을 공개하여 스스로 학습 상황을 진단하게 했다.

　두 번째 단계는 학생 맞춤형 선택학습 과정이다. 아이들에게 퀴즈를 맞힌 개수와 상관없이 스스로 필요한 학습 방법을 두 가지 중 하나를 선택하게 했다. 하나는 개념에 대한 보충학습으로 이를 원하는 학생들을 TV 화면 앞으로 모이게 했다. 다른 하나는 학습 내용을 심화하고 탐구하는 것으로 '도전과제'를 제공했다. 이를 원하는 학생들은 복도 쪽 책상으로 자리를 옮기게 했다. 이때 가장 신경 썼던 것은 학생들이 이 과정을 수준별 학습으로 받아들이지 않게 하는 것이었다. 맞힌 개수를 기준으로 학습을 구분하는 불편한 상황이 아니라, 본인의 필요와 흥미에 따라 스스로 학습을 선택할 것을 강조했다. 그리고 25분 동안 교실을 2개의 공간으로 분리하여 따로, 또 같이 학습했다. 개념학습을 선택한 친구들은 교사인 나와 함께 원격수업 3차시 동안 배운 주요 개념과 사례들을 학습했다. 어려웠던 부분을 다시 한번 반복 학습하며 학습에 대한 결손을 보충하고 흥미를 잃지 않도록 격려하는 시간을 가졌다. 도전과제를 선택한 학생들은 배운 내용에 대해 더 깊이 고민해 볼 수 있게 했다. 나는 서·논술형 문제나 토의, 토론 과제들을 제공하여 학생들이 사고력을 신장할 수 있는 시간을 가졌다. 이 과정에서 두 그룹의 학생들이 양쪽을 넘나들수 있도록 모든 학생들에게 도전과제를 학습지로 제공했다. 개념 보충학습을 하던 친구 중 일부는 이해가 잘 안 되었던 부분만 함께 학습하고, 도전과제로 넘어가기도 했다. 또한 도전과제를 수행하던 학생들도 중요한 부분이라고 생각되는 내용은 잠시 과제를 멈추고 나의 설명에 귀 기울이기도 했다.

마지막 단계는 학습 내용을 공유하는 과정이다. 학생들 주도로 학습을 공유하고 정리하는 시간을 가졌다. 도전과제를 수행한 친구들이 개념학습을 한 친구들에게 풀이한 내용을 설명하고 15분 정도 생각을 공유하는 시간을 가졌다. 이 과정에서 자연스럽게 학생들 간 질문과 대답을 주고받을 수 있도록 독려했다. 도전과제를 수행하지 않은 친구들도 학습지와 친구들의 설명을 통해 과제를 수행할 수 있도록 했다. 학생들이 개념 보충학습 정도로만 만족하거나 머무르지 않도록 수행 및 지필평가와도 연계했다. 수업과 평가의 연계를 통해 학생들의 성장을 유도하고자 함이다.

원격수업 후 첫 번째 대면수업을 이렇게 운영한 이유는 원격수업과 대면수업 사이의 연결고리를 만들고자 함이다. 원격수업 기간 학습했던 내용을 대면수업에서 보충하거나 심화할 수 있도록 선택권을 줌으로써 원격-대면수업이 유의미하게 연결될 수 있다고 믿었기 때문이다. 나는 학생들이 수업에 대한 책임감과 주도성을 가지고 참여하길 바랐다. 이를 통해 학습결손이나 격차 문제를 줄일 수 있는 실마리를 찾고자 했다. 또한 두 번째, 세 번째 대면수업에서는 학생들이 모둠별 프로젝트 활동이나 토의, 토론을 통해 관점을 세우고, 자신의 언어로 표현하는 과정으로 연계했다. 수업 내용의 이해를 넘어 학생들 개개인의 삶에서 관점과 태도를 갖출 수 있도록 하는 것, 즉 자신의 삶에 대한 책임감과 주도성을 갖는 것이 중요하기 때문이다.

맞춤형 수업과 피드백으로
연결고리를 만들다

나는 수업을 진행하고 나서 학생들에게 수업에 대한 설문조사를 통해 피드백을 받아 보았다. 학생들의 반응은 대부분 긍정적이었고 실제적이었다. 자신에게 맞는 수업 방법을 선택할 수 있어 좋다는 것과 책임감이 든다는 의견이 많았다. 그리고 원격수업 때 잘 이해되지 않거나 놓쳤던 부분을 개념 보충학습으로 보완할 수 있어 도움이 되었다는 의견이 주를 이뤘다. 도전과제를 수행한 친구들은 이해한 개념을 다양한 자료와 과제를 통해 적용해 볼 수 있어 도움이 되었다고 했다. 어떤 학생은 더 여러 개의 도전과제를 주었으면 하는 바람도 밝혔다. 처음에 도전과제가 2개 정도였는데, 이를 쉽게 해결해 시간이 남았다는 것이다. 그래서 이후에는 도전과제를 3~4개 정도 준비하되 쉬운 것과 어려운 것, 답이 정해진 것과 의견을 밝히는 것 등 다양하게 제공하고자 노력했다.

고무적인 것은 더 많은 학생들이 학습에 적극성을 보였다는 것, 또 학습에 대한 흥미가 높아졌다는 것이다. 무엇보다 교사로서 학생들의 학습 상황과 수준을 확인하고 다음 수업을 설계할 수 있었다. 또한 원격수업 상황에서 파악하기 어려웠던 학생들의 이해도와 학습 정도를 진단 평가와 선택 과정을 통해 더욱 면밀히 살피고 안내했다. 이 과정에서 학생들의 목소리가 들리기 시작했다. 나는 학생들과 수업 방법을 함께 논의하며 원격수업과 대면수업 사이의 공백을 메우고자 노력했다. 이러한 노력이 학습결손과 격차를 줄이는 데 도움이 되었다는 피드백도 받았다.

하지만 아쉬운 부분도 있다. 그것은 학생들에게 학습에 대한 선택권이 2개로 한정되었다는 점, 도전과제를 선택한 학생들에게 모둠 과제를 부여할 수 없다는 점이다. 좁은 교실의 TV 앞에서 개념 보충학습이 진행되는데, 도전과제를 수행하는 친구들이 대화를 주고받는 학습을 하면 목소리가 섞이면서 산만해진다. 그래서 첫 번째 대면수업을 진행한 후 다음 차시 대면수업은 모둠별로 협력과제를 수행하도록 설계했으나, 수업 진도에 대한 부담도 크다.

처음에는 도전과제를 수행하는 것이 부담스러워 개념학습만 선택했던 아이들도 있었다. 그래서 수업이 끝난 후 개별적인 피드백을 통해 다음 수업에서는 도전과제에 도전해 볼 것을 제안했다. 여러 차례 수업이 반복되면서 도전과제와 개념학습에 경계를 두지 않고 자유롭게 넘나드는 학생들이 생기기 시작했다. 자신에게 적합한 속도와 방법을 찾아 학습에 적용하는 모습에서 자기주도적인 학습 태도를 엿볼 수 있었다. 학생들이 학습의 중심에 서고 교사로서 가르쳐 주기와 피드백을 통해 학생들과 함께 수업을 이끌어 가는 경험은 새롭기도 하고 의미도 컸다. 교사로서 학습결손과 격차의 문제를 해결하는 방법은, 결국 학생들이 주도성과 책임감을 키울 수 있도록 '잘 가르치는 일'과 '피드백'에 있다는 소중한 깨달음을 얻었다.

맞춤형 수업으로 함께 만들어 가는
미래교육을 꿈꾸다

코로나 바이러스가 발생한 지 벌써 2년이 되어 가면서, 학생들을 직접 마주할 수 없는 상황에서 수업과 피드백을 한다는 것은 큰 도전이자 고민이다. 수업의 기술적이고 내용적인 면을 넘어서 자기주도적 학습 태도가 부족한 학생들은 원격수업에서 상호작용이 더욱 어렵다. 이것은 결국 학습결손과 격차로 이어지기에 더 심각한 문제다.

그래서 나는 원격수업의 빈틈을 메꾸기 위해 첫 번째 대면수업을 연결고리로 삼았다. 차이와 다양성을 가진 학생들에게 학습에 대한 '선택권'을 주는 방향으로 맞춤형 수업을 설계했다. 이것이 대단히 새롭거나 창의적인 수업 방법이라 생각지 않는다. 그저 학생들의 학습결손과 학습격차 문제를 해결하기 위한 고민 속에서 시도한, 한 교사의 작은 도전이다. 내 앞에 앉아 있는 학생들이 겪는 문제를 해결해 보고 싶다는 생각을 실천으로 옮긴 것이다. 고민의 출발이 학생의 성장이었고, 그 과정과 결과에서도 학생의 성장을 위해 수업과 피드백에서 교사의 역할이 중요하다는 교훈을 얻었다.

혹자들은 포스트 코로나 교육을 이야기하며 미래교육이 시작되었다고 한다. 미래교육이 무언가 새로운 교육으로 나아가는 것처럼 받아들여지곤 하는데, 이번에 맞춤형 수업을 진행하며 깨달았다. 코로나 바이러스를 겪기 전이나 후, 달라진 것은 크게 없다. 시대가 변하고 상황이 변할 뿐이지 학생의 성장을 지원하는 교사의 본분은 다를 게 없다. 코로나 바이러스는 지난 교육에 대한 성찰과 오랫동안 꿈꿔 왔던 미래, 우리 교육의 오래된 미래에 대한 열망을 일깨워 주었다. 이 사태는 나에게 학생과 교사 사이, 수업과 학습 사이에서 학생의 성장을 지원하는 교사의 중요성을 깨닫게 하였다. 나아가 학생 개개인의 개별성과 다양성에 대한 존중을 통해 학생 주도의 학습과 성장이 나타난다는 것도 확인했다.

코로나 바이러스로 소환된 미래, 조금 일찍 온 미래 앞에서 수업 방법과 피드백에 대한 고민은 교직에 몸을 담고 있는 한 계속될 것이다. 그렇기에 이번에 시도한 맞춤형 수업에 대한 작은 도전은 학생들과 함께 다양한 형태로 이어 갈 예정이다. 코로나 바이러스가 종식되어도, 학습격차 문제까지 종식되는 것은 아니기 때문이다.

환경친화적 아웃도어 브랜드 '파타고니아'의 창립자인 이본 쉬나드는 말했다.

> "의미 있는 일이란 그 일을 좋아하는 것뿐만 아니라, 그 일을 통해서 세상에 기여하는 것이다."

교사로서도 의미 있는 일이란 학생들의 성장을 이끄는 것뿐만 아니라, 어려움을 겪는 학생들의 손을 잡고 함께 걸어가는 것이라고 생각한다. 나는 의미 있는 교육을 위해 학습결손을 겪고 있는 학생들에게 먼저 손을 내밀자는 제안을 건네 본다. '함께 걸어가는 그 길의 끝에 교사와 학생 모두가 행복한 성장이라는 달콤한 열매가 열릴 수 있지 않을까?'라는 기대 속에 프랑스의 철학자 들뢰즈의 말로 글을 끝맺고자 한다.

"우리는 '나처럼 해 봐'라고 말하는 사람 곁에서는 아무것도 배울 수 없다. '나와 함께 해 보자'라고 말하는 사람만이 우리의 스승이 될 수 있다."

7장
미래교육의
학생평가 패러다임은 무엇인가?

백선혜

'미성숙함'을 '성장 가능성'으로
뒤집어 보는 새로운 시선

나는 고등학교에 근무하는 교사이자 고등학생 자녀를 둔 학부모이다. 입시의 최전선에 있는 고3 교실은 매일매일 뜨겁고 치열하다. 아이들은 고3이 되기까지 수많은 평가를 받아 왔고 이제 그 마지막 평가의 시간을 준비하고 있다. 우리나라에서 평가의 최종 귀결점인 대학수학능력시험. 단 하루의 평가에 인생을 걸기도 한다. 정시 확대라는 정책 변화에 맞춰 수능에 대한 열기가 더욱 뜨거운 요즘이다. 아이들에게 지금 이 시간은 '성장의 시간'일까? 아니면 '성공을 향한 질주의 시간'일까?

그동안 우리 사회에서 평가는 지식 암기의 정도를 측정하고 서열화하여 선발을 목적으로 한 경우가 많았다. 그러나 코로나 바이러스라는 재난에 가까운 사태를 겪으면서 익숙해져서 당연하다고 생각해 왔던 평가의 방향과 방식에 질문을 던지게 되었다. 동시에 우리가 그간 해 왔던 평가의 민낯을 보기도 했다. 사회는 멈춤을 선택했고, 수업도 원격으로 전환되었지만 입시의 시계는 멈추지 않았다. 아이들은 등교하는 주간이면 어김없이 한꺼번에 밀려드는 수행평가들을 감당해야 했고, 좋은 점수를 따기 위해 학교는 안 가도 학원은 다녀야 하는 모순된 일상을 보냈다. '공정한 평가'라는 것을 앞세워 '누가 능력 있는 사람인가'를 가려내는 데 집중해 왔던 기존의 패러다임은 코로나 바이러스를 계기로 근본적인 전환을 요구하고 있다. 사실 평가의 변화는 교육과정과 수업의 변화에 영향을 받기도 하고, 그것의 변화를 촉진하기도 한다. 또 교육정책이나 입시제도의 변화와도 맞물려 있다. 그러므로 평가를 분리해서 생각하지 말고, 유기적으로 바라보아야 한다.

내가 지금 교실에서 만나는 고3 아이들은 많은 정책의 변화와 다양한 교육적 시도 속에서 학창 시절을 보냈다. 혁신학교 열기가 한창 뜨거웠던 최근 10년 동안 초·중·고를 다녔기 때문이다. 초등학생 때부터 배움 중심 수업을 경험하고 교사별 평가를 거쳤으며, 중학교에 가서는 1학년 때 자유학기제를, 2학년 때 성취평가제에 따른 평가를 받았다. 고등학생이 되어서는 2015 개정교육과정에 따라 교사의 다양한 수업 시도와 함께했고, 학생부 종합전형 확대 방침에 따라 학교생활기록부의 비교과 영역에 많은 에너지를 쏟으면서 1, 2학년을 보냈다. 그리고 지금은 선택 중심 교육과정 속에서 진로선택과목과 이에 따른 절대평가를 경험하고 있다. 그런데 아이들과 학부모는 그러한 변화의 취지와 방향성에 대해 얼마나 공감하고 있을까? 오히려 자신의 선택과목이 대학 입시에 어떻게 반영되는지, 어떤 과목을 선택해야 입시에 유리한지를 더 궁금해한다.

여러 가지 정책적 시도에도 불구하고 대한민국 교육이 크게 바뀌었다고 체감하지 못하는 이유는 무엇일까? 그것은 평가 패러다임의 변화가 그 속도를 따라가고 있지 못한 채, 아직도 상대평가와 서열화의 큰 굴레 속에 있는 우리의 현실 때문이다. 또 한 줄 세우기의 결과로 대학에 가는 것이 공정하다는 인식 때문이기도 하다. 최근 시도되고 있는 일련의 새로운 정책들이 성과를 내고 우리가 꿈꾸는 교육을 현실화하기 위해서는 미래교육의 방향성과 그에 걸맞은 평가 패러다임의 변화에 주목할 필요가 있다. 이 글에서는 최근 부각되고 있는 평가 패러다임의 변화를 짚어 보고, 그것을 뒷받침할 정책적·제도적 방안들과 실천 방법에 대해 논의해 보고자 한다.

4차 산업혁명으로 대표되는 미래 사회는 무엇보다 인간의 존엄을 바탕으로 객체가 아닌 주체로서의 삶이 강조되고 있다. 우리가 교실에서 만나는 학생들도 존엄한 인간으로 대우를 받아야 한다. 그들의 '미성숙함'을 '성장 가능성'으로 뒤집어 보는 새로운 시선이 필요하다. 이러한 인식의 변화를 통해 교사는 아이들의 잠재력과 가능성에 관심을 가지고, 성장 과정에 초점을 두며, 다양한 기회와 도움을 제공해야 한다. 평가도 이러한 변화의 연장선상에서 '성장'에 중점을 두는 패러다임의 전환이 필요하다. 그래서 나는 미래교육의 평가 패러다임에 대해 네 가지의 질문을 중심으로 이야기해 보고자 한다.

- 평가를 왜 하나?
- 무엇을 평가해야 하나?
- 어떤 방법으로 평가해야 하나?
- 평가 결과를 어떻게 활용해야 하나?

평가를
왜 해야 하나?

교사에게 평가는 일상적인 업무다. 계획을 세워서 하기도 하고 일상적인 상황에서 평가를 하는 경우도 많다. 어떤 경우든 평가를 왜 하는지 그 이유가 분명해야 한다. 교육학에서 말하는 평가의 목표는 '교육 목표가 구현되었는지를 확인하고 이를 다시 피드백해 교수-학습을 개선하기 위한 자료로 활용하기 위함'이다. 그러나 현실에서 평가는 '누가 우위를 점하는가'를 측정하는 수단으로 왜곡된 경우가 많다. 그로 인해 아이들 마음속에서 '평가=실패 경험, 두려움'이 되어 버린 경우도 있다. 이런 상황이 더 지속된다면 학교는 '즐거운 배움의 공간'이 아닌 '평가를 통해 패배감을 맛보게 하는 공간'이 되어 버릴 수도 있다. 더군다나 코로나 바이러스로 인해 등교 기간에 몰아서 해치우듯 평가를 하는 지금의 상황이라면 더욱 그럴 수 있다. 교육의 본질을 찾고 미래교육을 준비하기 위해 평가를 왜 해야 하는지에 대한 근본적인 질문과 성찰이 필요한 때이다.

평가는 변별이 아닌 성장에 그 목적을 두고 성장의 계기가 되는 평가를 해야 한다. '지금 하는 평가들이 아이들의 성장에 어떤 긍정적인 영향을 줄 수 있나?'를 스스로 끊임없이 질문해 보는 것이 중요하다. 평가가 끝난 후 학생들이 '다음에 더 잘할 수 있겠다'는 희망과 '어떤 것에 주목하여 더 공부해야지'라는 방향을 잡을 수 있도록 도움을 주어야 한다. 평가가 이후의 학습에 긍정적으로 작동할 때 비로소 아이들은 평가를 통해 성장해 나갈 수 있기 때문이다. 교사는 학생들에게 평가의 이유를 충분히 이해시키고 평가의 의미를 사전에 명확하게 전달해야 한다. 더불어 '평가를 왜 해야 하는지'에 대한 사회 구성원 전체의 인식 전환과 공감대 형성도 필요하다.

무엇을 평가해야 하나?

앞서 평가는 성장에 그 목적이 있다고 했는데, '성장'의 정의를 어떻게 하느냐에 따라 평가의 내용과 범위도 달라질 수밖에 없다. 성장은 지식에 국한된 것이 아니다. 성장은 지식 습득을 넘어 이해한 것을 실생활에 적용하고, 자기 것으로 내면화하여 공감하고 표현하는 역량까지 포함한다. 따라서 그동안 공교육에서 '무엇을 평가해 왔나?'에 대한 반성적 성찰이 필요하다.

수업 시간에 배운 내용과 실제로 평가되는 내용이 다르다면 아이들은 무척 혼란스러울 것이다. 평가는 '교육 목표-교수·학습-평가'로 이어지는 교육과정의 일부이다. 결국 무엇을 평가할지는 왜 배우는지, 무엇을 배울 것인지와 연결되어 있다. 2015 개정교육과정에는 창의융합형 인재를 키우기 위한 핵심역량을 제시하고, 그것을 함양한다는 목표로 핵심 내용을 중심으로 학습 요소를 적정화했다. 이러한 개정교육과정의 취지에 맞게 평가도 변해야 한다. 즉 핵심 내용에 대한 평가, 핵심역량에 대한 평가가 이루어져야 한다.

따라서 '알고 있는가?'에 대한 평가 못지않게 '아는 것을 실제로 할 수 있는가?'에 대한 평가도 중요하다. 교사는 그간의 단편 지식 위주의 평가에서 벗어나 삶과 연결된(실생활과 연계한) 평가를 구체적으로 어떻게 구현해 갈지를 고민해야 한다. 수업 시간에 배운 내용이 우리 삶과 어떻게 연결되어 있는지 학생들에게 충분히 설명해 주고, 그것에 대한 평가를 통해 학생들이 어떤 사람으로 성장하게 될지 자세히 알려 주는 것이 교사의 역할이다.

어떤 방법으로
평가해야 하나?

많은 교사들이 수업뿐 아니라 평가 방법에서도 다양한 시도와 도전을 거듭하고 있다. 새로운 패러다임으로의 변화를 위해서는 학습자의 상황과 교과 내용에 따라 아주 다양한 평가 방법이 필요하겠지만, 그중 중요한 세 가지를 소개하려 한다.

첫째, 수업의 흐름(과정) 속에서 이루어지는 평가이다. 이러한 평가가 꼭 필요한 이유는 즉각적인 피드백과 그것을 바탕으로 한 성장이 가능하기 때문이다. 즉 수업을 통해 평가와 성장의 긴밀한 연결이 가능해진다. 수업과 평가가 긴밀하게 밀착될수록 학습의 효과는 극대화되며 지속적인 평가도 가능해진다. 산출물(보고서)로만 평가하거나 결과물에 의미를 두는 평가를 지양하고 수업의 과정에서 평가가 자연스럽게 녹아들 수 있는 구체적인 방법을 찾아가는 것이 교사의 역할이며 전문성이다.

둘째, 반응의 다양성이 보장된 평가이다. 이것은 오지선다형의 지필평가로는 불가능하기 때문에 지필평가를 축소하고 서술형·논술형 수행평가를 확대한다면 가능해진다. 학생들의 다양한 생각과 의견을 표현할 기회를 주고, 그 생각이 조금씩 성장해 나가도록 도와야 한다. 이 과정에서도 역시 피드백은 중요하다. 교사와 친구들이 해 준 피드백을 통해 자기 생각을 검토, 수정하고 확대하는 과정은 아주 중요한 성장의 시간이 될 수 있다. 더불어 친구의 생각을 듣고 다른 생각에 대한 공감과 인정의 태도까지 배울 수 있다.

셋째, 협력 중심 평가이다. 이 평가는 현장에서 실현하기 가장 어려운 것이지만 꼭 필요한 평가 방식이기도 하다. 현실적으로 어려운 이유는 교사의 가장 큰 고충이라 할 수 있는 '민원' 때문이다. 학생과 학부모가 '다른 사람보다 우위를 점해야 한다'는 경쟁적인 인식을 하고 있는 상황에서 이러한 평가는 현실화되기 어렵다. 평가는 교사가 하는 것이라는 기존의 패러다임에서 벗어나 자기 평가, 동료 평가, 학부모와 함께 하는 평가로 확대될 필요가 있다. 이는 스스로 자기의 학습 과정을 진단해 보는 것, 그리고 친구를 통해 성장하는 기회를 제공하자는 취지이다. 내가 나를 평가하고, 친구를 평가해 보는 경험은 배움과 성장의 과정에서 매우 의미 있는 경험이 될 것이다. 이 평가는 점수를 매기고 잘했다, 못했다고 결정하는 것이 아닌 격려와 발전 가능성에 대한 희망적인 평가가 될 수 있다. 이러한 평가야말로 아이들도 행복한 평가, 누구나 잘할 수 있다고 느끼는 평가를 가능하게 한다.

평가 결과를 어떻게 활용해야 하나?

나는 수업을 통해 아이들이 '공동체 문제에 대해 생각해 보고 자기 의견을 표현해 보는 경험'을 많이 하기를 바란다. 그에 맞게 자신의 생각을 논술하는 평가를 한 학기에 한 번은 꼭 하고 있다. 예를 들어 아래와 같은 주제로 논술 수행평가를 한 적이 있다.

논술 주제:

(1) 나를 넘어 우리를 꿈꾼다는 것의 의미를 생각해 보고, (2) 역사 속에서 그것을 실천한 인물을 찾아본 후, (3) 자신의 진로와 관련하여 실천 계획을 세워 보자.

이는 독서수업과 연계하여 실시한 논술평가로 아이들의 생각과 깊이 있는 성찰의 과정을 알 수 있는 좋은 평가였다. 그러나 150명 정도의 글을 모두 읽고 채점하는 것은 현실적으로 쉽지 않은 일이었다. 나는 채점이 끝난 후 왜 감점이 되었는지를 적고, 점수를 기록하여 학생들에게 다시 돌려주었다. 감점의 이유가 아니라 어떤 부분을 어떻게 개선하면 좋을지, 잘한 점은 무엇인지 알려 주었더라면 어땠을까? 또 자기 글을 친구들 앞에서 발표하게 했다면 어땠을까? 평가의 목적, 방법 등은 좋았지만 가장 중요한 피드백이 빠진 아쉬움을 남겼던 평가였다.

평가가 다시 학습으로 이어질 수 있도록 하는 것은 바로 '피드백'이다. 피드백은 평가의 목적을 달성하는 데 가장 결정적인 요소이다. 왜냐하면 피드백은 또 다른 성장의 기회가 될 수 있기 때문이다. 학생의 장점이나 특기, 앞으로 무엇을 더 노력해야 하는지, 이전보다 무엇이 얼마나 향상되었는지 등에 대해 피드백해 주고 돕는 것이 교사의 역할이다. 학생들은 교사의 피드백을 토대로 '고쳐 하기', '다시 하기'를 경험할 수 있고, 그 과정에서 진정한 성장과 발달이 이루어질 수 있다.

수행 과정에서 피드백을 제공할 때는 학생의 수행 수준을 고려하는 것이 좋다. 수행 수준이 낮은 경우에는 여러 가지를 한꺼번에 알려 주기보다는 개선해야 하는 사항의 우선순위를 정해서 순차적으로 피드백을 해 주는 것이 좋다. 수행 수준이 높은 학생에 대해서는 학습 내용을 학교, 사회, 국가, 세계 수준으로 확장해 나가거나 다른 교과 내용과 연결하도록 돕는 피드백을 제공한다. 또 교사가 직접적 정보를 주기보다는 학생이 스스로 자신의 부족한 점을 파악하도록 피드백을 제공하는 것이 좋다. 예를 들어 교재와 비교, 대조하면서 학생이 스스로 자신의 오류를 찾아서 수정한다거나, 잘한 점과 개선점을 스스로 찾도록 하는 것이다. 학생이 스스로 자신의 학습을 성찰하고 개선하는 자기주도적인 학습 역량을 신장시키려면 학생 주도의 피드백이 함께 이루어져야 한다.

새로운 평가 패러다임을 위한 방안

다행히 최근에는 새로운 패러다임을 뒷받침할 제도적 차원의 변화가 나타나고 있다. 초등학교에서는 일제식 지필평가를 폐지하고 과정 중심 평가, 교사별 상시 평가가 이루어지고 있으며, 중학교의 경우는 자유학년제를 토대로 수행평가와 정성평가의 비중을 확대하는 추세이다.

이러한 변화는 2025년으로 예고된 고교학점제 전면 도입으로 인해 고등학교 평가 혁신으로 이어질 것으로 기대된다. 본격적인 고교학점제 도입 및 대학입시제도 개편 이전에 고등학교 평가 혁신에 대한 준비와 실천이 더욱 필요한 시기이다. 또한 평가 패러다임 전환을 위해서는 현장의 실천적 노력과 더불어 적극적인 정책과 제도가 뒷받침되어야 한다.

교사와 학교의 실천적 노력

교사는 모든 학습자가 평가를 통해 성장할 수 있다는 믿음을 가지고 일회적, 단면적 평가가 아닌, 지속적이고 다각화된 평가를 계속 시도해야 한다. 입시제도의 개선 없이는 평가를 개선할 수 없을 것이라는 부정적인 생각들에 부딪혀 좌절하거나 포기할 때도 있을 것이다. 그렇지만 교사와 학교의 노력으로 개선할 수 있는 범위까지 도전해 보아야 한다. 대학 입시제도의 개선은 필요조건이지 충분조건은 아니기 때문이다. 이러한 노력은 개별적이기보다는 집단지성을 바탕으로 교과 내, 교과 간에 이루어지면 더욱 좋다. 평가에 대한 계획을 공동으로 수립하고 수업 공개를 넘어 평가 공개를 통해 서로의 경험을 나누는 '평가 문화'가 확대되길 바란다. 또 학기 초 '평가 워크숍'을 통해 교과의 장벽을 허물고 범교과적으로 평가 계획을 함께 수립하고 타 교과 평가 계획에 대한 피드백을 해 주는 방법도 좋겠다.

정책적, 제도적 뒷받침의 필요성

현장의 노력이 성과를 내기 위해서는 교육부와 교육청 차원의 뒷받침이 필요하다. 교육부에서는 고교학점제에 발맞추어 고등학교 석차등급 완화 및 절대평가제를 이미 예고한 바 있다. 고교학점제는 학생의 선택에 따른 다양한 선택과목 운영을 전제로 한다. 따라서 상위 4%까지 1등급을 부여하는 현 시스템으로는 학생들의 다양한 과목선택권 보장이 어렵게 된다. 현재 진로선택과목에서만 성취기준평가(절대평가)를 시행하고 있으며 앞으로 더 많은 과목으로 확대될 필요가 있다.

여전히 비평준화 지역이 남아 있어, 중학교 내신 산출 방식에 상대평가적 요소가 들어가 있다. 향후 고교 평준화를 확대해야 하는 것은 물론, 설사 비평준화 지역이라 하더라도 상대평가 요소를 완화해 가야 한다. 상대평가적 요소는 나의 성공을 위해 반드시 타인의 실패가 수반되는 구조이기 때문에 모든 학생의 성장을 돕는 평가를 방해하는 가장 큰 요인이다. 지필평가 없이 수행평가만으로 평가가 가능한 과목을 확대하고 이러한 과목이 교사별 평가로 진행될 수 있도록 해야 한다. 또한 교사가 학생의 성장에 집중할 수 있도록 형식적 업무를 간소화하고 불필요한 절차는 과감히 생략할 필요가 있다.

이상에서 살펴보았듯이 평가 패러다임의 변화는 학생 한 명 한 명의 존엄과 가치를 존중하고 그들의 성장을 관찰하고 돕는 방향으로 나타나고 있다. 이 장에서는 무엇을 왜 평가하는지, 어떤 방법으로 평가할지에 대해서 논의해 보았고, 특히 평가 결과에 대한 피드백이 다음 성장을 돕는다는 것을 강조했다. 교사는 아이들의 잘못된 행동에 실망하기도 하고 잘 따라와 주지 않는 아이들의 철없음에 속상할 때도 있다. 하지만 '교사는 학생의 성장을 돕는 가치로운 일을 한다'는 사실을 늘 잊지 말아야 한다. 아이들의 미성숙한 모습을 부족함이 아닌 '성장 가능성', '변화할 수 있음'으로 생각하고 결과가 아닌 과정 속에서 아이들을 바라봐 줄 수 있어야 한다. 평가 역시 그들의 전인적 성장을 돕는 것을 목적으로 해야 한다. 그런 측면에서 평가 개선은 기술적인 것이 아니라 가치적이며 철학적인 면에서 접근해야 할 것이다.

또한 미래지향적 평가 패러다임의 변화를 만들어 내려면 교육에 대한 담론이 '공정성'을 넘어 '타당성'으로 나아가야 한다고 생각한다. 우리 사회가 여전히 측정에 치중한 '입시 공정성'이라는 신화에서 벗어나지 못하고 있는 것이 안타깝다. 교육이 차이를 넓히는 것이 아니라, 좁히는 도구가 되기 위해서는 어떤 교육을 해야 타당(마땅)한가를 이야기해야 할 때이다. 교육의 '공공성'을 어떻게 살릴 것인가를 고민하고 공교육을 통해 교육격차를 줄여 나갈 때 진정한 공정함을 완성할 수 있다.

3부

포스트 코로나 시대의
교사 역할

8장
미래교육에서
교사의 역할은 무엇인가?

박은희

다시 호흡을
가다듬다

잃고 나서 비로소 그 의미를 떠올리게 되는 것들이 있다. 2020년 이후 전 세계적 코로나 팬데믹 상황에서 우리는 평범한 일상을 빼앗겼다. 반면 이전에 눈에 잘 보이지 않았던 소중한 가치들을 다시 찾게 되는 계기가 되기도 했다. 가족, 인류애, 연대와 협력, 진정한 행복 등이 그것일 것이다. 학습과 교육의 장이 학교에서 가정으로 바뀌기도 했다. 각종 수업 기자재로 화려해진 교실을 바라보며 미래 학교라는 착각이 들 정도다. 진짜 미래교육의 모습일까 혼란스럽기만 하다. 이를 계기로 진정한 미래 세대를 위한 교육의 의미와 미래를 대비하기 위해 우리 교사들이 어떤 역할을 해야 할지 고민을 담아 보고자 한다.

학교와 교육에 대한 새로운 시대 가치와 시민적 요구는 지금까지 학교의 존재 이유로서 강조해 왔던 '미래 사회 인재 양성'이라는 실용적 목적을 넘어서라는 것이다. 학교라는 공간은 진짜 민주주의와 인간 존엄의 가치 실현의 장이어야 하고, 이를 구현하기 위해 미래 세대의 교육을 담당할 교사의 역할을 재정립해 보기로 한다.

먼저 교사는 교육의 한 주체로서 학생과 상호적이고 실존적 관계 맺음을 바탕으로 해야 한다. 그래서 교사와 학생이 배움과 성장의 기쁨을 함께 나눌 수 있어야 한다. 다음으로, 교사는 다가올 미래 사회, 미래의 학교, 미래의 학생에 대한 통찰을 바탕으로, 학생들에게 정답을 주기보다 진정한 삶에 대한 끊임없는 질문을 제시하는 질문자가 되어야 한다. 또한 교사는 과거의 콘텐츠 전문가에서 학생의 앎과 삶, 학교와 사회를 연결시켜 줄 수 있는 사회적 맥락 전문가로서 역할을 해야 한다. 끝으로 앞으로의 교사는 교실의 장벽을 넘어서서 우리 교육의 방향을 스스로 개발할 수 있는 전문가적 정책 실행가로 다시 태어나야 한다. 교사는 교육정책의 한 객체에 머물지 않고 모든 아이들의 삶에 영향을 미칠 수 있는 학교 교육정책의 수립과 실행에서 교사 주체성을 발휘할 수 있어야 한다. 이러한 교사들의 역할에 대한 미래지향적인 역할 재개념화를 통해 궁극적으로 학생들의 올바른 교육적 성장을 도울 수 있어야 할 것이다.

교사는 학생과 실존적 관계 맺기로 학생과 함께 성장해야

교사는 지금까지 학습 전략의 안내자, 학습 방법의 안내자, 지식의 매개자로 역할 기대를 부여받아 왔다. 학교는 지식 중심의 교육에서 탈피해 학생들이 미래의 삶에서 필요한 역량을 키워 나갈 수 있게 돕고자 한다. 현재의 기대 역할을 넘어서기 위해 전달자, 조력자의 역할에만 머무르지 않고 아동의 끊임없는 성장을 책임져야 한다. 이를 통해 교사의 진심 어린 교육적 실천을 통해 학생과 실존적 관계 맺기를 고민하며 학생과 함께 성장한다. 비에스타Biesta는 개인과 세계는 항상 존재론적으로 상호작용 관계 속에 놓여 있으며, 두 타자가 함께 서 있음으로써 생겨난 공간에서 앎이 형성된다고 보았다. 한 개인이 무엇인가를 알기 위해서는 세계 혹은 타자와 상호작용을 해야만 하고, 개인은 그 타자에게, 그리고 그 타자가 개인에게 반응하는 고유하고 구체적인 관계 속에서만 무언가를 알 수 있다는 것이다. 비에스타는 교사와 학생이 동등하고 대칭적인 관계를 형성하고 그 안에서 대화와 상호작용을 주고받는 것으로 교사의 역할을 이해한다.김한길·김천기, 2018 교사는 학생을 교사의 의도에 맞게 가르침을 받는 수동적인 존재로 대했던 방식이 아니라, 학생과의 정서적 교감과 소통에 집중하면서 학생의 성장에 관심을 가지게 된다.

학생들은 나를 이해하고 신뢰해 주는 교사에게 용기를 가지고 마음을 열면서 함께 배움의 길로 들어서게 된다. 그 첫걸음이 교실의

3월이다. 교사와 학생 사이의 묘한 긴장감이 조성되면서도, 교사와 학생이 좋은 관계를 맺는 출발점이고 한 해의 교육을 끌고 가는 가장 강력한 원동력을 얻을 수 있는 시기이다. 서로에 대한 정보를 얻고, 학생과 교사가 서로를 인정하고 받아들일 때 교육적 출발이 가능하다. 이를 바탕으로 함께 학급 약속이나 생활 규칙을 만들어 보는 활동들은 서로 존중하고 협력적으로 학급의 문제를 해결해 나가는 동반자로 인정하는 것이다. 그리하여 학생의 약속도 필요하고 교사의 약속도 필요하다. 서로의 생각과 관점을 나누면서 서로 차이를 존중하고 신뢰하고 협력하는 관계가 끊임없는 성찰로 이어져야 한다.

이러한 관계적 성찰은 교육이 이뤄지는 모든 단계와 과정에서 끊임없이 진행될 것이다. 이는 비단 학생과 교사 사이뿐만 아니라, 교사와 교사, 교사와 학부모, 교사와 관리자 등 학교 안 모든 사회적 관계에서 요구된다. 일방적인 지식과 기술의 전수, 훈련이 아닌 어디에서든 서로에게 영향을 주고받으며 살아가는 사회 구성원으로서의 자격을 인정하고 서로의 생각과 삶을 존중해야 한다. 이 관계는 학교라는 공간 속에서 시작된 교사와 학생이라는 데에서 출발할 것이고, 학교교육 이후 학생의 시민적 삶으로 이어질 것이다.

인류가 코로나 팬데믹과 극심한 지구 온난화를 함께 겪으면서 인간이 지구 생태계의 일부라는 명백한 사실과 생태계는 인간 삶의 바탕이고 서로가 동떨어져 생각할 수 없음을 절실히 알게 되었다. 생태계 안에서 생태계를 지키면서 어떻게 인간다운 삶을 살아야 할지 고민해야 한다. 앞으로도 생태계의 관계성과 상호 연결성을 끊임없이 회복해 나가야 한다. 그래서 시민적 삶은 지구 생태계를 늘 염려하고 지구 이웃들의 삶에 미치는 영향을 예민하게 고민해야 한다. 환경을 살피는 노력은 우리의 모든 생산과 소비 활동의 최종 목적지와도 만나야 한다. 학교에서의 환경 살리기 교육은 우리 모두의 가정의 삶에 영향을 줄 것이고, 학교생활 이후 시민의 삶에서도 중요한 판단기준이 된다. 생산 제일주의, 가성비 제일주의 경제생활에서 좀 더 비용을 지불하더라도, 다소 불편하더라도 지구 환경을 더 잘 지킬 수 있는 선택지를 망설임 없이 받아들일 수 있는 의연함과 결단력을 키우는 교육이어야 한다.

교사는 진정한 삶에 대한 끊임없는 질문자가 되어야

앞서 학교라는 공간에서 교사와 학생은 특별한 관계로 만나야 함을 얘기했다. 서로를 소중한 객체로 인정하고 상호적인 관계를 맺은 바탕 위에서 교사는 학생에게, 때로는 서로에게 묻고 답하기를 멈추지 말아야 한다. 그래서 코로나를 겪으면서 우리 사회는 무엇을 잃었고, 우리 인간이 지향해야 할 소중한 가치가 무엇인지를 함께 물으며 답을 찾아 나가야 한다. 전염병의 확산을 막기 위해 너무나 급박하게 각 국가가 문을 걸어 잠그기도 하고, 장벽을 세우면서 우리는 소통과 만남의 소중함과 이전의 인간적인 삶을 그리워하게 되었다. 반면 바이러스의 확산을 막기 위한 사회적 거리두기가 오히려 특정 인종을 배척하거나 공격하는 야만성을 보이기도 했다. 질병의 원인을 찾는 것은 과학자들의 몫으로 두더라도, 자연과의 부조화로 인해 닥친 이 재앙은 인류 모두에게 위협이 되었으며 함께 같은 고통을 겪어 내고 있음을 잊어서는 안 될 것이다. 이 문제는 인류가 함께 고민하고 해결해 가야 할 인류 공동의 과제이다.

백신을 충분히 구입할 여력이 있는 우리나라가 전 국민 접종을 완료하고 집단 면역을 이루게 된다면 우리 국민의 안전은 보장될까? 만약 그렇지 않다면 우리 역시 왜 안전을 보장받을 수 없는지를 다시 물어야 할 것이다. 시간이 지날수록 이 지구에서 인류의 상호의존성은 증가할 것이다. 이동의 편리함과 신속함은 서로의 물리적 거리는 좁혔지만, 그 결과 같은 문제가 언제든 동시다발적으로 일어날 수 있음을 수차례 전염병 상황에서 경험하게 되었다. 우리가 함께 살기 위해서는 어떤 문제의식을 가져야 하는지, 수업 장면에서 또 일상생활 속에서 학생들에게 질문을 던지고 답을 찾는 노력을 꾸준히 해야 한다. 이를 통해 학생들의 철학이 단단하게 만들어질 것이다. 이제 그들의 철학이 일상의 실천으로 연결될 수 있도록 교사의 지지와 격려가 더욱 필요해졌다.

이렇듯 성찰하는 삶에는 끊임없는 질문이 이어진다. 교사는 우리 삶에서 선택과 판단의 순간에 올바른 판단의 기준을 세울 수 있는 중요한 질문을 하면서, 학생과 함께 고민해야 할 것이다. 삶을 영위하면서 가장 중요한 가치는 무엇인가? 진정한 배움은 무엇이며, 우리가 기대하는 미래의 삶은 어떠한 모습인가? 학생은 왜 배우는가? 학교에 들어서는 순간, 수업을 시작하는 순간 끊임없는 질문이 시작될 것이다. 학생들이 질문에 대한 답을 찾는 과정은 깨어남의 과정이면서 배움의 시작이다. 학생들에게 배움은 사회적 성취의 수단만이 아니다. 학생들은 그 배움을 통해서 공동체성을 갖게 된다. 교사는 학생들과 함께 살아가고 있는 지금의 세계와 학생들이 주체로서 살아갈 미래를 늘 깨어 있는 시선으로 통찰해야 한다. 학생들의 수준에 맞는 질문을 고민하고 또 고민하며 질문해야 한다.

앞으로의 인간은 사회적 동물로서 함께 더욱 좋은 삶을 영위하면서 스스로 높은 도덕적 가치를 구현하는 삶을 살 수 있을 것이다. 미래 사회의 주체가 될 우리 학생들에게도 함께 잘 사는 삶, 진정한 민주주의, 진짜 공정과 정의에 대해 진지하게 물을 때가 되었다. 오늘날 우리 사회는 여러 분야에서 사회적 갈등을 빚는 첨예한 논란들을 마주하고 있다. 시민들의 학력 수준이 점점 높아지고 어느 분야에서든 경쟁이 심화되어 좋은 학교와 안락한 직장이 부족하다고 느끼게 되면서 교육 기회의 불평등과 학벌 논쟁이 생겨났다. 또한 남성과 여성의 젠더 갈등, 세대 간 갈등 등이 표출되고 있다. 여러 가지 갈등 상황에 모두를 만족시킬 정답은 존재하기 어렵겠지만, 우리 모두가 수긍할 수 있는 해답의 길을 찾기 위해 함께 노력해야 할 것이다.

우리에게는 또 다른 새로운 과제가 있다. 세계적으로 인적 교류가 활발해지면서 우리 사회는 단일민족의 배타성에서 벗어나 이미 다문화 사회가 되었다. 외모나 언어의 한계를 극복하고 나아가 같은 국민, 같은 나라의 시민으로 함께 평화로운 삶을 영위할 수 있을지, 학교 교실에서부터 길을 찾아야 한다. 어떤 차이를 인정해야 하는지, 어떻게 협력하며 학교와 사회에서 함께해야 하는지, 우리 사회에 이방인으로 찾아온 그들을 어떤 마음가짐으로 받아들여야 하는지 묻고 있다.

초등학교 교실에서도 많은 갈등이 늘 존재한다. 학생들이 불만을 표출할 때 거의 매번 따라붙는 말이 '차별'이나 '불공평'이다.

"선생님, 이것은 불공평해요, 이건 명백한 남녀 차별이에요, 저는 아무 짓도 안 했는데 쟤들이 먼저 그랬어요."

교사는 학생들에게 물어야 한다. 차별과 차이는 어떻게 다른지, 명백한 차별은 무엇인지, 평등과 불평등의 경계는 어디까지인지, 왕따 이전에 무엇이 갈등의 원인인지 쉼 없이 묻는다. 문제의 크고 작음을 떠나 교사의 진지한 질문 세례를 받는 학생들은 순간 정적을 맛보고 나서 다시 생각한다. 억울함이야 순간적으로 다 해소되지 않겠지만, 냉정한 사유의 시간을 경험하게 된다. 이때 교사는 학생들의 반응을 인정하고 존중해 주면서 학생 스스로 타인을 배려하면서 자기 생각을 표현할 수 있도록 장을 만들어 준다. 잠시 후 학생들의 좀 더 현명해진 대답을 기대한다.

교사는
앎과 삶, 학교와 사회를 연결하는 맥락의 전문가가 되어야

다양한 분야에서 지식과 정보가 넘쳐나는 세상이다. 교사는 그 수많은 지식 가운데 학생들이 무엇을 왜 배워야 하는지, 이 배움이 학생들의 삶에 어떻게 쓰일지, 졸업 이후 사회에는 어떤 영향을 줄지 지식의 사회적 맥락을 제시해 줄 수 있어야 한다. 새로운 것을 알게 된 것에 그치거나 도구나 수단으로만 활용할 것이 아니라, 그 앎으로 우리의 삶을 좀 더 나은 삶으로 이끌 수 있음을 논리적으로 입증하고 설득해야 할 것이다. 교사가 학습과 삶의 연관성을 알려 주고, 배움이 학습자 삶의 맥락 속으로 확실하게 흡수되었을 때 배움이 가치가 있고 생명을 얻을 수 있음을 일깨워 주어야 한다.

학교에서의 학습과 교육은 학생들의 학습에 동기부여가 되고, 평생 배움이 유지될 수 있는 힘이 될 것이다. 미래 사회는 변화의 속도가 빠르고 갈수록 예측이 어려워지면서 교사들은 지식과 기술의 전수자에만 머무를 수가 없다. 어쩌면 이를 초월해야 할 것이다. 앎과 삶을 연결하고 학교와 사회를 연결하는 맥락 전문가로서 역할에 좀더 충실해야 하는데, 그 역할에 대한 사회적 기대를 충족했을 때 학교와 교육의 효능감도 인정받게 될 것이다.

교실 현장을 잠시 바라보자. 학교는 학생들에게 다양한 사회적 실험을 제공한다. 갈등 상황을 인위적으로 연출하여 미리 경험해 보게 한다. 그 과정에서 요구되는 도덕적 개념을 찾아보고, 문제 해결 방법을 찾거나 역할 놀이와 같은 간접 경험도 하게 한다. 이 도덕적 실험을 통해 갈등을 간접 경험하고, 최선의 선택과 그로 인해 포기해야 할 것들을 보게 된다. 이러한 문제 해결의 경험은 살아가는 내내 어떤 문제 상황에 놓이게 되더라도 해결의 실마리를 찾아갈 수 있도록 도울 것이다. 또한 현재 사회적 이슈가 되는 주제를 학생 수준에 맞는 주제로 만들어 수업 시간에 토론해 볼 수 있도록 하자. 학생들도 성인 못지않게 자신들이 알고 있는 모든 지식을 동원해서 합리적인 선택을 하기 위해 노력할 것이다. 그 과정에서 서로 갈등도 표출하게 하고 사회적 합의를 만들어 보게 하자. 학생들은 사회를 미리 경험해 보면서 시민으로서 책임감을 느낄 수 있을 것이다.

또한 학교는 교육과정을 운영하면서 지나친 교과 중심 학습에서 벗어나 특정한 주제에 집중하거나, 학생들의 삶의 터전이 되는 지역으로 학생들의 관심을 이끌어 줄 때가 되었다. 먼 나라나 다른 지역이 아닌 우리 지역의 문제를 해결해 나가면서 내 삶의 변화를 일굴 수 있어야 한다. 이를 위해 교사는 학생들이 자신의 지역 문제를 인지할 수 있는 자료를 제시해 주고, 다른 지역의 사례를 통해 우리 지역만의 요구를 찾는 노력을 할 수 있을 것이다. 교사는 학생들이 학교 수업에서 프로젝트를 설정하고 다양한 영역의 지식과 기술을 활용할 수 있도록 학생들의 배움을 도와야 한다.

우리는 지금을 살고 있지만 앞으로 가까운 미래도 살게 된다. 그러므로 교사는 먼 미래가 아니더라도 현재 우리 주변의 자연환경, 국제 정세 등 다양한 이슈에 대해서도 쉼 없이 관심을 기울여야 한다. 앞서 팬데믹으로 인한 범지구적인 연결성을 언급했다. 교사가 교실을 넘어서는 넓고 깊은 시야를 가져야 우리 학생들도 교사라는 매개를 통해서 세상을 만나고 이해하며, 자신들만의 그것을 또한 갖게 될 것이기 때문이다.

교사 행위주체성에 주목하자

최근 10여 년간 교육현장에서는 학교 혁신에 대한 기대와 요구가 폭발적으로 증가했다. 이후 교육 행정과 학교문화, 교실 수업에도 큰 방향 전환이 있었다. 또한 학교자치에 대한 기대와 실망이 교차하기도 하고, 학교자율과정을 제도적으로 보장받았지만, 학교현장에는 환영과 우려의 목소리가 공존한다. 학교현장을 자율적이고 능률적으로 움직일 수 있게 하고 학생들의 진정한 교육적 성장을 위한 노력이라고 하는데, 왜 현장에서는 갈등이 야기되는 것일까? 교사들도 이전에 충분히 경험해 보지 못한 새로운 학교가 이미 와 버린 것은 아닐까? 상명하복에 익숙했던 과거 행정조직 하부의 학교가 아니라, 단위학교에서도 이제 교육과정 수립과 운영에 점점 더 많은 자율권을 갖게 되었다. 따라서 구성원들이 스스로 소속 학교의 교육 목적과 목표를 설정하고 함께 일구어 나갈 수 있다. 학교의 여건이 동일하지 않고 학교마다 학생과 학부모, 지역사회 문화가 다르기 때문에 실천 과제가 다를 수밖에 없다. 외부의 기관이나 전문가가 대신해 줄 수도 없다. 학교 내 구성원들의 자발성과 능동성이 요구되는 지점이다.

미래의 학교에서 교사의 새로운 역할을 논할 때 교사 행위주체성 teacher agency[6]을 빼놓을 수 없다. 교사 행위주체성은 쉽게 말해 교사가 처한 사회 구조와의 관계 속에서 능동적으로 행위하는 능력을 말한다.엄수정, 2020 학교가 동일한 교육 목적을 가지고 있더라도 해당 지역과 학교, 학급에서 구성원의 필요와 요구에 따라서 교사가 정해진 교육과정을 주체적으로 해석하고 적용할 수 있어야 한다.

현장 적합성을 높이기 위해 오늘날 교육과정의 대강화 시도가 꾸준히 이루어지고 있다. 교사 역할에 대한 기대는 국가교육과정의 적용에서 벗어나 교육 철학, 맥락에 대한 이해, 전문 지식과 경험을 바탕으로 한 교육과정 개발 및 운영으로 변화하고 있다.엄수정, 2020 교사 자신의 경험과 전문성을 토대로 교육과정을 해석하고 교육 상황에 맞게 수정, 보완하여 가르치는 자율적 실천가로서 교사의 역할을 재개념화해야 한다.

한때 유행했던 신자유주의적 해법은 교육의 공공성을 심각하게 위협하고 학교를 사적 이익 추구를 위한 무한 경쟁의 장으로 변질시

---

6. 이 장에서는, agency를 '행위주체성', teacher agency는 '교사 행위주체성', agent를 '행위주체'라고 번역하여 썼다.

켰다. 이제 학교 안 교육공동체가 주체성을 회복할 때다. 교육의 공공성을 위해 다양하고 이질적인 집단들이 서로의 차이를 존중하고 협상과 절충을 통해 합의점을 찾아가는 과정이 필요하다. 또한 교사 수준의 교육과정이 개인주의적 접근에서 탈피하여 공동체적 접근으로 나아가야 한다. 학교 안 전문적 학습공동체는 교육공동체가 공유하는 가치를 담은 교육과정, 교사, 학생, 학부모, 교육 전문가, 지역사회 구성원 등 다양한 구성원들의 교육적 희망을 담은 교육과정, 학교 현장에서 자유롭게 탐구하고 실천을 통해 검증된 교육적 상상력을 담은 교육과정을 만들어 가야 한다. 이를 위해 교육정책의 집행자로서만이 아니라 우리 학교, 우리 마을과 이웃과의 삶에 필요한 콘텐츠를 개발하고, 우리 학교 시스템에 영향을 미치는 교육정책 수립에도 목소리를 내야 한다.

미래교육을 그리며:
다시 학교와 교사 이야기

최근 10년 이상 지속되어 온 교육 혁신을 위한 노력으로 학생 중심, 배움 중심으로 교육 패러다임의 대전환을 가져왔다. 세계적 팬데믹을 관통하면서 학교는 안정적으로 교육을 할 수 있는 다양한 대처 방안을 마련하는 좋은 기회가 되기도 했다. 이제 다시 학교가 민주주의의 장이라는 역할을 회복하면서 학교와 교사의 역할을 재개념화하고 집중해야 한다.

　교사는 교육의 중요한 주체로서 학생과 상호적이고 실존적 관계 맺음을 바탕으로 학생들의 자기주도성을 회복하고 배움의 기쁨을 누릴 수 있도록 해야 한다. 다가올 미래 사회, 미래의 학교, 미래의 학생에 대한 통찰을 바탕으로, 미래 사회에서도 인류가 공존하기 위해 삶에 관한 질문을 계속해야 한다. 학생의 앎과 삶, 학교와 사회를 연결시킬 수 있는 맥락 전문가로서의 역할도 중요하다. 앞으로 교사는 교실의 장벽을 넘어서서 교육의 방향을 스스로 개척해 나갈 수 있는 행위주체성을 가진 교사로서의 새로운 역할을 받아들여야 한다.

　이렇게 교사들의 역할이 바로 설 때 다음 세대 문화를 이어 갈 학생들에게서 올바른 교육적 성장을 기대할 수 있을 것이다. 교육이라는 우리 사회의 공공자원을 공유한다는 마음으로 사회의 혜택을 함께 누릴 수 있어야 한다. 교육을 통해 우리 사회 구성원이면 사회의 발전과 복지를 함께 누리며 자신의 존엄을 지키면서 인간답게 살 수 있도록 함께 노력해야 한다. 교사의 역할은 과거에도 현재에도 미래에도 매우 중요하다. 예측할 수 없는 미래 사회에서도 우리 학생들이 두 팔을 펼치고 중심을 잡고 살아가도록 힘을 기르고, 어떠한 상황에서도 자신의 본모습을 잃지 않으면서 공동체 안에서 행복한 시민으로 살아갈 수 있을지 도전을 멈추지 말아야 한다.

9장
미래교육을 이끌어 갈
학교장 리더십은 무엇이어야 하는가?

박재은

미래 사회의 변화를
이해하는 교육

미래에 나타날 변화를 구체적으로 예측할 수 없지만 "변한다는 것은 확실한 미래의 진실"이라는 유발 하라리[Harari, 2018]의 의견처럼 우리는 다양한 변화에 직면할 것이다. 미래 사회의 변화가 가속화되고 있는 시점에서 변화는 일시적인 사건이 아니라 과정이므로 새로운 흐름에 적절히 대처하는 것이 변화의 핵심이다.[Hall & Hord, 2011] 그렇다면 사회가 어떤 모습으로 변화할지를 살펴보고, 미래교육의 핵심 가치와 교육의 방향에 대해 논의한다면 미래의 진실을 마주했을 때 조금은 덜 당황하지 않을까. 그리고 예측하지 못한 변화에 직면했을 때 적절하게 대응할 수도 있을 것이다. 하지만 학교교육이 변화에만 초점을 맞추어 유행처럼 단기간에 바뀐다는 생각은 혼란을 부추기고 교육의 연속성을 무시하는 결과를 초래할 수 있다. 교육 활동은 갑자기 나타났다가 사라지는 것이 아니고, 그 영향과 효과가 즉시 보이지 않을 수도 있기 때문이다. 그러므로 미래 사회의 변화를 이해하고 교육에 적용하는 것은 학교교육의 역사성 안에서 균형을 맞추어 이루어져야 할 것이다. 또한 학교교육을 통해 실현하고자 하는 비전을 학교 상황에 맞게 제시하여 지속성을 유지할 수 있어야 한다. 이것은 누구의 역할이고, 어떻게 실현될 수 있을까.

2020년 3월, 학교에 큰 변화가 생겼다. 예측할 수 없는 일이었다. 전 세계의 일상이 코로나 바이러스로 멈추었다는 기사가 연일 보도되면서 학생들은 등교할 수 없었고, 재택근무가 이루어졌으며, 상점들은 문을 닫았다. 거리두기라는 단계별 적용으로 혼란스러운 상황이 연출되는 그야말로 위험사회의 모습을 보았다. 울리히 벡[Beck, 2006]은 일찍이 위험과 안전을 사회 발전의 중심에 두면서 사회에 나타나는 위험적 요소에 대해 언급하였다. 건강의 위험, 생태적 위험, 기술의 위험이 낳은 고통은 그 발생지만이 아니라 모든 생명체를 위협할 만큼 영향을 주는 잠재력이 있기 때문에 위험과 위해를 줄일 방법을 고민하였다. 우리가 경험한 코로나 바이러스 팬데믹의 위험은 발생 원인과 양상이 명확하지 않고, 예측할 수 있는 범주를 넘어서면서 우리를 더욱 두려움에 사로잡히게 했다. 그러나 우리는 이를 극복하고 대처할 방법들을 찾아 일상을 회복하기 위해 노력했다.

교육 문제의 해결 방법은 교육현장과 구성원 안에서 찾아야 했기에 학교에서는 개학 시기와 방법을 달리하였고, 발생 추이에 따른 학사일정을 의논하였으며, 의견 수렴의 과정을 이어 갔다. 혼란스럽고 시시각각 변하는 상황 속에서 안전과 학업의 균형이라는 목표 아래 학교 구성원은 그 어느 때보다도 많은 고민과 선택을 했다. 이러한 과정에서 학교현장에 나타난 문제를 해결하기 위한 통찰력 있고 신속한 의사결정이 얼마나 중요한지를 경험했다. 또한 여러 번의 계획과 일정을 조정하면서 적확한 결정을 내리고 실행해야 하는 상황에 직면했을 때, 리더십의 중요성을 실감하기도 했다. 학교는 변화하는 사회의 특성을 고려하여 상황과 맥락에 맞게 대응하고, 예측하지 못한 혼란으로 야기되는 문제에 대처하기 위해 어떤 리더십을 필요로 할까?

리더십은 조직 내 공유된 목표 달성을 위해 개인과 집단의 노력을 촉진하도록 영향력을 행사하는 과정이다.Yukl, 2013 학교장은 학교 구성원의 한 사람으로 학교의 운영 방식과 의사결정 및 학교문화에 영향을 준다. 리더십이 개인과 공동체에 미치는 영향력이라면 공식적 권한과 책임을 갖는 학교장의 리더십은 어떤 모습이어야 하는지를 세 가지 측면에서 고찰해 보고자 한다.

시의성 있는 비전과 통찰력을 갖춘 리더십

학교교육을 통해 이루고자 하는 목표, 교육의 목적은 시대에 따라 다양하게 나타난다. 사회의 변화, 교육정책, 학교 구성원, 교육 환경 등이 이에 영향을 미친다. 교육공동체가 교육 방향을 수립할 때 미래 사회의 변화에 대한 인식과 전망은 중요하다. 인구와 사회 구조의 변화, 과학 정보기술의 발달, 가치관의 다양성이 나타나고, 4차 산업혁명의 영향으로 인한 생활 방식이나 직업의 변화도 예측해 볼 수 있다. 코로나 바이러스 팬데믹 사태는 비대면의 관계 맺는 방식이나 경제와 온라인 유통 구조의 변화, 안전을 위해 개인의 자유가 제한되는 경험을 하게 했다. 교육 활동에도 영향을 주어 변화된 상황과 학교 여건에 맞게 계획을 수정하고 방법을 재설정하여 교육 방향을 수립하게도 했다. 이 과정에서 학교 구성원들은 교육 목표를 중심으로 낯선 상황과 변화에 대응하기 위해 준비했고, 어려웠지만 직면한 문제를 해결하려 노력했다.

미래에는 빠른 변화 속도와 다양한 변화에 대한 대처 능력이 강조될 것이다. 창의성과 자율성을 토대로 변화에 적응할 수 있는 능력과 사고의 유연성을 갖추어 긍정적으로 행복을 유지하는 것이 삶의 중요한 가치가 될 수 있다. 이러한 미래교육의 핵심 가치를 파악하고 사회 변화를 예측하여 학교 구성원이 함께 학교의 비전을 만들고 실천해야 한다. 이는 학교마다 다른 상황과 다양한 해석이 존재하고 구성원의 자발적인 참여와 일상적 실천은 그 지속성을 유지해 가는 방법이 될 수 있기 때문이다.

리더는 명령이나 권위와 같은 힘으로 지배하는 리더십이 아니라 공동체에 필요한 역할을 하여 구성원이 자발적으로 따를 수 있도록 리더십을 발휘해야 한다. 변화를 촉진하고 비전을 제시하는 과정에서 학교장의 권위를 내세운 일방적인 지시는 학교 구성원들의 지지를 받지 못하여 외면당하거나 그 효과를 보장하기 어렵다. 구성원의 자발성과 합의 안에서 비전이 만들어졌을 때 이를 중심으로 협력하여 교육 활동이 효과적으로 이루어질 수 있을 것이다. 또한 실천 없는 비전이 되지 않도록 추상적이고 비현실적이지 않은, 사회에서 요구하는 시대적 과제와 학교의 상황을 반영한 비전을 제시하는 것도 중요하다. 이러한 비전은 학교에서 이루어지는 의사결정과 선택의 기준이 될 것이고, 교육의 목적 규정과 학교의 정체성을 부여하며 구성원을 통합하는 역할을 할 수 있다. 이것이 학교현장에서 어떻게 구현될 수 있을까. 비전을 제시하는 것은 전략을 세우거나 변화를 촉진하는 것만이 아니다. 미래 사회에 필요한 역량을 기르기 위한 교육 목표와 과정, 결과를 평가하고 개선 방안을 모색하여 지속적으로 실행과 책임을 함께하는 것이다.

그러나 변화의 양상이 복잡하고 예측 불가능한 요인이 많거나 교육 방식의 개선에 대한 요구가 증가할 때는 적절한 대처가 어려울 수 있다. 또한 선택과 결정의 기준이 명확하지 않다면 복잡다단한 상황에서 혼란이 야기될 수도 있을 것이다. 이에 학교장은 공유된 비전을 중심으로 상황에 맞는 적절한 대처와 위기 상황에서 전략을 제시할 수 있는 통찰력을 갖춘 리더십을 발휘해야 하지 않을까. 통찰력이란 상황의 제한된 한 부분만을 보는 편견을 막고, 총체적이고 종합적인 관점에서 파악하는 것이다. 학교에서 학교장은 교사의 수업과 학생의 성장 및 발달을 지원한다. 학교 내 모든 교육 활동의 책임자이며 의사결정의 권한을 동시에 갖고 있다. 그러므로 미래 사회의 변화와 교육, 행복한 삶을 위해 필요한 역량, 지속가능한 사회를 위한 가치관에 대한 질문을 품고 구성원들을 지원하며 비전과 확신을 갖고 이끌어 가는 리더십을 발휘해야 할 것이다.

민주적인 대화와 소통의 리더십

학교에서 학교장이 유일한 리더라는 인식에 변화가 생기면서 교사 리더십의 잠재성을 활용하고 이를 지원하는 학교문화 구축의 필요성이 강조된다.Katzenmeyer & Moller, 2019 학교장 한 사람이 관리하고 독단적으로 결정하는 리더십만으로 급변하는 교육 환경에 대처하기는 충분하지 않다. 학교는 환경과 다양한 행위주체와의 상호작용 속에 놓여 있고, 학교 공동체가 추구하는 비전과 가치는 서로 영향을 주고받으며 실현된다.

학교장은 민주적 의사결정 체제를 통해 권한을 공유하고 구성원이 자발적으로 의사결정 과정에 참여하도록 협력 관계를 만들어야 한다. 이를 위해 구성원들 간에 민주적 소통과 대화가 이루어지고 자발성과 공동체성을 기반으로 하는 학교문화를 구축하면 어떨까. 이는 지속적인 리더십을 발휘할 수 있는 조건이 되고, 공동체를 효과적으로 유지하는 방법이 될 것이다. 소통의 핵심은 듣고 이해하는 것이다. 리더는 다양한 관점의 의견을 듣고 공동의 문제를 해결하고 지원하는 방안을 찾아 제공해야 한다. 이를 위해서는 의사소통과 협력이 기반이 되어야 하고, 협력적인 문화 구축은 구성원 간의 관계에서 출발한다. 구성원의 소통과 신뢰를 바탕으로 의견을 교환하고 해결방안을 도출할 수 있어야 한다. 그러므로 학교장 중심의 의사결정 구조를 구성원의 참여를 통한 민주적 의사결정 체제로 바꾸고, 상호 이해와 존중이 학교의 중심적인 문화로 자리 잡도록 해야 할 것이다.

관계의 본질을 배려라고 보는 나딩스Noddings의 견해를 학교 공동체에 적용하면, 구성원 서로가 배려의 주체가 되어 상호 호혜적인 관계를 유지할 때 민주적인 의사결정이 이루어지는 협력의 학교문화가 만들어질 것이다. 학교장은 구성원 간의 관계에 집중하고 교사를 지원하는 학교문화를 만들기 위해 리더십을 발휘해야 한다. 교육활동을 수행하기 위해 변화를 시도하고 학교의 비전을 실천과 연계하려고 노력하는 교사를 지원해야 할 것이다. 학교 조직의 재구조화를 통해 효율적인 업무 환경을 만들고, 교사의 과업 수행에 재량권을 부여하여 구성원이 자발적으로 참여하도록 하는 것도 좋은 방법이 될 수 있다. 이러한 방법으로 구성원들의 협력과 공동체성을 이끌어 내어 문제를 함께 해결하고, 직면한 상황과 다양한 변화에 적절하게 대처해야 할 것이다.

구성원들을 화합시키는
실천의 리더십

학교장이 학교 내의 서로 다른 견해를 절충하고 조율할 수 있다면 구성원 사이에서 발생하는 갈등을 줄일 수 있을 것이다. 서로의 이해관계가 상충할 때 갈등 해결의 방법을 모색하고, 공동체의 화합을 이끌 수 있도록 리더십을 발휘해야 한다. 구성원들이 학교 내부와 외부 환경의 변화로 인해 동요되지 않도록 안정감을 제공하고, 의사결정의 결과에 대해 책임지는 실천적 자세를 보여야 한다.

학교 운영 과정에서는 여러 가지 갈등이 나타난다. 업무분장에 대한 갈등, 운영 주체 간 갈등, 사안에 대한 해결 방법을 찾는 과정에서도 의견이 엇갈릴 수 있다. 추가 업무가 생겨서 부서를 배정하고 계획을 수정해야 할 때 이해관계에 따라 발생하는 의견을 절충하는 과정이 필요하다. 학교장은 개인이나 공동체의 의견 불일치, 관점의 차이에서 오는 충돌과 같은 갈등이 생길 때 이를 중재하는 역할을 해야 한다.

학교의 결정은 관행적으로 지침에 의해서 이루어지는 경우가 많지만, 학교의 상황이 지침과 다른 경우에는 여건과 맥락을 고려하여 의사결정을 하게 된다. 학교현장에서는 코로나 바이러스 팬데믹으로 등교 일정과 방식, 온라인 수업 운영 기준, 방역과 안전 문제, 평가 관련 안건을 중심으로 회의가 이루어졌다. 적재적소에 역할을 배치하고 업무를 분담하여 지체 없는 실행을 위해 아이디어를 모으고 의견을 수렴했다. 등교가 연기되고 온라인 수업을 위한 인프라 구축과 여건 마련이 시급했으며 추가 업무에 대한 업무분장 문제, 방역 업무로 인해 구성원들은 많은 피로도를 호소하는 상황이 전개되었다. 새로운 환경에 적응하고 변화에 능동적으로 대처하는 것이 생각만큼 쉽지 않았고, 다양한 변수를 고려하다 보니 시행착오를 겪기도 했다.

이 과정에서 구성원들은 갈등을 경험했고 서로 눈치를 보기도 했다. 누군가는 해야 할 일이고 또 어떤 부분은 책임이 필요한 일이었기에 갈등을 중재하고 의견을 조율하는 학교장의 결단력 있는 리더십과 실천을 위한 구체적 방안 제시가 더욱 중요했다. 다양한 이유로 공동체 내에 갈등이 발생하는 것은 비일비재한 일이다. 갈등 상황에 대한 이해와 함께 갈등을 중재하여 발전적인 방향으로 해결하기 위해서는 적합한 기준이 있어야 한다. 리더는 갈등의 원인을 파악하고 비전을 중심으로 해결 방안을 제시하여 공동체의 화합을 이끌어야 한다. 이를 위해서는 공동체의 이익을 위한 선택과 결정을 할 수 있는 실천의 리더십이 필요하고 그 기준이 명확해야 할 것이다.

선택과 결정의 기준
그리고 그 의미는 무엇인가

우리는 시대적 흐름과 사회의 요구에 따라 교육의 방향에 수많은 질문을 던진다. 교육의 목적은 무엇이고 학생들에게 무엇을 가르쳐야 하는가. 행복하고 의미 있는 삶을 위한 교육의 역할은 무엇인가. 공동체의 관계 안에서 상호 존중과 배려의 중요성을 체득하는 방법에 대한 질문을 통해 교육이 추구하는 가치에 대해 고민해 본다. 교육의 의미와 가치는 사회의 변화와 맥락에 따라 그 모습을 달리하기도 하지만 학생들의 성장을 위한 것이라는 기본 목적은 변함이 없을 것이다.

교육의 다양한 목적 중에서 나는 학생들이 학교교육을 통해 긍정적인 경험을 하고, 성취감을 느끼는 기회를 통해 미래의 변화에 대처할 수 있기를 바란다. 또한 다양성이 공존하는 미래 사회를 이해하여 사고하고 판단하는 능력을 길러야 한다고 생각한다. 이를 위한 교육의 역할에 대한 연구와 학자들의 견해 중에서 페터 비에리[Bieri, 2015]의 "행복하고 존엄한 삶은 자신이 결정하는 삶"이라는 생각에 공감한다. 이는 타인에 대한 배려 없이 자신의 이익만을 추구하는 것이 아니라 사회적 정체성을 규정짓는 규범 안에서 어떤 규범을 적용할 것인지의 결정에 참여할 수 있는 것을 의미한다. 자기를 이해하고 스스로 결정하는 존재는 현재에 의미를 부여하고 자신의 계획에 따라 경험하게 된다. 다가오는 미래를 준비 없이 맞이하기보다는 현재를 의미 있게 살아가는 방법을 배우면 미래를 위한 현재의 경험이 달라질 것이다. 이러한 경험과 삶을 연계하여 교육 활동 안에 자연스럽게 녹여 낼 수 있다면 앎과 삶이 하나로 이어지는 실천적 지식으로 활용될 수 있을 것이다. 또한 의미와 행복의 중요성에 관한 책임은 스스로 진다는 견해에 동의한다. 자기 삶의 의미는 각자가 만들어 내고 언제든지 변화할 수 있음을 인식하는 것이 중요하다. 그래서 학교교육을 통해 자기 인식의 중요성을 이해하여 자율적인 존재로 삶의 의미와 행복이라는 가치를 기준으로 결정하고 선택하는 경험을 할 수 있기를 바란다. 이러한 기회를 통해 개인의 행복과 함께 공동체의 행복을 고려한 비전이 실현되고, 이것이 공동체의 의사결정을 위한 기준이 되었으면 한다.

이러한 나의 바람은 나딩스의 견해를 통해 확신을 갖게 한다. 교육과 행복의 연관성을 탐색하는 데 집중하고 바람직한 가능성을 찾도록 도와주는 것이 학교교육의 중요한 책임이 될 것이고, 행복에 대한 실질적인 견해에 비추어서 우리가 행하는 모든 일을 평가해야 함을 강조한다.Noddings, 2008 우리는 공동체의 행복에 기여할 수 있도록 선택과 결정을 하고 그렇지 못한 경우에는 대화를 통해 관점과 방향을 전환할 수도 있을 것이다.

리더는 학교교육을 통해 행복을 얻을 수 있는 전략과 행동 방식에 관심을 갖고, 학교를 공동체의 행복한 삶을 위한 교육 활동의 장소로 강조하면 어떨까. 또한 구성원이 배려와 존중의 학교문화 안에서 협력을 통해 문제를 해결하고, 변화에 적응할 수 있도록 하는 것도 중요하다. 이를 위해서는 선택과 결정의 기준을 명확하게 하여 변화에 대처하고 구성원들이 함께 비전을 실현할 수 있도록 학교문화를 구축해야 할 것이다. 학교장은 미래 사회의 변화를 전망하고 다양한 의견을 통합한 비전과 통찰력을 토대로 리더십을 발휘해야 한다.

그리고 소통과 대화를 통한 리더십의 전환 모색, 구성원을 화합하는 실천적 리더십을 갖추는 것이 미래교육을 이끌어 갈 리더에게 필요한 리더십이라고 생각한다.

10장
교사학습공동체는
미래교육을 앞당길 수 있을까?

류영미

코로나19로
발견하다

벌써 1년하고도 절반의 시간이 코로나 바이러스로 인한 팬데믹과 함께 지나가고 있다. 이제는 포스트 코로나가 아닌 코로나 바이러스와 공존하고 있다는 생각이 든다. 작년부터 올해까지 코로나 바이러스로 인해 생겨난 갖가지 변화들은 사회 전반은 물론 교육에도 큰 변화를 몰고 왔다. 처음에는 그렇게도 어색했던 원격수업이 일상적인 수업으로 자리 잡아 가고 있고, 미래교육이 먼 이야기가 아닌 현재 우리의 이야기로 쓰이고 있다. 변화에 수동적으로 이끌려 가지 않고 변화의 중심에서 주체적으로 성장하기 위해 우리는 어떻게 해야 할까?

2020년 3월 정상적인 개학이 이루어지지 못하고 네 차례 개학이 연기되며 돌봄 및 학력 저하 우려로부터 시작된 온라인 개학. 갑작스러운 원격수업의 도입으로 많은 학교들이 당황하고 어떻게 대처해야 할지 몰라 난감했다. 그럼에도 대부분의 학교가 각 학교가 처한 상황을 반영하며 원격수업을 준비하고 운영했다. 그러나 원격수업 이후 일부 언론 매체에서는 "교사들이 원격수업에 대해 노력하지 않는다. 교사들의 이기주의로 인해 누가 더 돋보이지 않게 하자는 압박으로 원격수업의 하향평준화가 이루어져 있다. 학부모들의 원격수업에 대한 민원이 빈번하다"라고 보도함으로써, 교사로서의 효능감이 많이 무너지는 경험도 하게 되었다. 그런데 내가 근무했던 학교에서는 각종 민원으로부터 자유로웠다. 그 이유는 무엇이었을까?

우리 학교에서는 원격수업 도입이 발표되자마자 교사들이 모여 학생과 교사의 수준에 맞는 원격 플랫폼을 결정했다. 리더 교사들을 중심으로 각자 자신이 속해 있는 교무실의 동료 선생님들과 함께 사

개학 연기 4차	온라인 개학	수업 및 평가 협의	실시간 쌍방향 수업
4번의 학사일정 변경 •개학 연기로 인한 학습 공백 계획 •우리 학교에 맞는 온라인 플랫폼 구성 교직원 협의	온라인 개학 준비 •교과별 콘텐츠 개발 협의 •동영상 제작 연수 •능동 자체 원격지원단 •관련 교구 구비	수시 교직원 협의 •평가 부담 완화 조정 협의 •1학기 교육과정 평가 •2학기 교육과정 협의	실시간 쌍방향 준비 •원격지원단 중심의 실시간 쌍방향 연수 •교직원 회의를 통한 원격수업 도구 익히기 •학생들의 수업 집중도 향상 방안 협의

[그림 10-1] 2020 능동중학교 원격수업 흐름도

용법 및 수업 중 여러 가지 발생할 수 있는 문제점들에 대한 해결 방안을 찾아가면서 정말 빠르게 원격수업에 돌입할 수 있었다.

이와 같은 흐름은 일부 다른 학교의 경험에서도 엿볼 수 있었다. 박미희와 정용주[2020]도 온라인 개학이라는 사상 초유의 상황이 일선 학교현장을 혼란에 빠뜨렸지만 온라인 수업을 위한 교사 간 소통이 시작되었다고 보았다. 교사들은 어떤 플랫폼으로 수업을 실시할지, 콘텐츠는 어떻게 제작할지, 제작한 콘텐츠는 어떻게 업로드해야 할지 등에 대해 지속적으로 소통했다. 이 과정에서 학년별, 과목별 온라인 수업 자료를 함께 개발하거나, 플랫폼 활용과 영상 편집 프로그램을 다루는 데 익숙하지 않은 교사들을 위해 동료 교사들이 기술적인 방법을 서로 나누는 경험을 했다. 이를 통해 학교에 존재했던 나이, 직급에 따른 권력의 위계 등이 해소되는 양상이 나타났다. "다른 사람과 함께 다른 사람을 통해서 협력할 때 비로소 위대한 것이 탄생한다"라는 생텍쥐페리의 말처럼, 어렵고 막막한 상황에서 발빠르게 대처할 수 있었던 힘은 아무래도 연대, 협력, 공존이라고 생각한다. 이를 통해 보기만 해도 교사학습공동체는 미래교육을 앞당길 수 있을 거라고 감히 단언하고 싶다.

코로나 바이러스로 인해 교사학습공동체의 중요성을 인식하는 계기가 되었지만, 보다 전국적으로 교사학습공동체를 확산하기 위한 노력이 필요해 보인다. OECD 주관하에 수행 중인 TALIS 2018 조사 결과, 우리나라 중학교 교사의 전문적 협력 정도는 1.67점으로 OECD 회원국의 평균인 1.76점, TALIS 참여국의 평균인 1.82점보다 낮다. 또 자신의 수업을 성찰하고 수업에 대한 고민을 통해 자신의 수업을 바꾸려는 노력은 OECD 회원국의 평균보다 1.02점이나 낮았다. 종합적으로 우리나라 중학교 교사의 교사협력 전체 평균은 1.88점으로 OECD 회원국 평균인 2.44점, TALIS 참여국 평균인 2.41점보다 낮은 것으로 나타났다. 이는 우리의 교사학습공동체가 더욱더 보완되어야 하는 점이 있음을 시사한다.

특히나 전문적 협력의 지표에서 우리나라 중학교 교사들은 다른 교사들의 수업을 관찰하고 피드백을 제공하는 활동에서는 두각을 드러내지만, 공동으로 수업에 참여하는 팀티칭, 수업 교재를 동료들과 교환하고 학생들의 학업에 대한 협의, 교사협력에 대한 공동 연구, 공동 실천 등과 같은 학습공동체의 성격에 해당하는 지표에서는 낮은 것으로 나타났다.

김혜진 등[2021]은 전반적으로 교사협력의 빈도가 낮아지고 있는 경향성을 고려하여, 교사협력 활성화를 위한 실질적인 방안을 모색할 필요가 있다고 주장한다. 이를 위해서 학교 수준에서는 일상을 공유하면서 긍정적으로 동료 관계를 형성하고, 공정하고 민주적인 학교 풍토와 구조를 통해 협력을 촉진해야 한다. 또, 일상의 문제를 논의할 수 있는 시·공간을 확보하는 것이 필요하다.

우리는 교육의 질은 교사의 질로 결정되는 것이 아니라 교사협력의 질로 결정된다는 말을 많이 접해 봤다. 그만큼 미래교육에서도 학교현장이 직면하는 다양한 교육 문제를 해결하기 위해서는 교사의 전문성이 중요하고, 전문성을 향상시키기 위해서는 교사들의 협력이

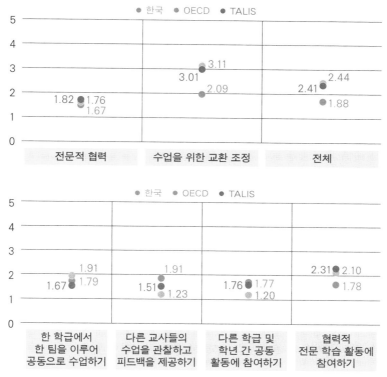

출처: 김혜진, 이동엽, 최인희(2021)

[그림 10-2] 전문적 협력

무엇보다 중요하다. 그렇다면 미래교육을 앞당기고 지속가능한 교사학습공동체는 어떻게 만들어 가야 할까? 앞으로의 변화에 우리는 어떻게 준비하고 대응해야 할지 살펴보자.

미래교육에 대응하기 위한
교사의 역할은?

4차 산업혁명이 도래함에 따라 교육도 변화해야 한다는 말이 나온 지 얼마 되지 않아 우리는 코로나 팬데믹 상황으로 "미래교육이 소환되었다"라는 표현을 쓰게 되었다. 사회적 거리두기로 인해 메타버스 안의 가상 세계에서 생활하며 현실에서 하지 못하는 것들을 공유하며 성장하는 시대가 도래했고, 그에 따르는 산업도 가파르게 성장하고 있다. 교육도 이러한 시류에 맞춰 흘러가고 있다. 몇몇 앞선 교사들에게만 허용되던 블렌디드 러닝이 전국적으로 보편화되었고, 단순히 수업 방법적인 면에서는 미래교육에 한 발짝 다가섰다. 하지만 가장 중요한 학교에서의 배움의 본질 탐구는 아직까지 제자리걸음인 것 같다. 앞으로 변화하는 미래에 학생들에게 필요한 역량은 무엇이고, 학교는 어떠한 공간이며, 교사는 어떠한 역할을 해야 할까?

산업혁명 시대 이후 제도적으로 만들어진 학교의 본질은 산업 발전에 적합한 인재 양성이었다. 그래서 많은 학생들 중에서 산업 발전에 필요한 인재들만 선발해서 키워도 사회가 유지될 수 있게 교육체제가 만들어졌다. 그러나 이제는 교육의 패러다임이 바뀌어야 한다. 인구절벽의 시대라고 불릴 만큼 학생 수가 급격히 감소하고 있고, 그중에서 학교 수업에 따라오지 못하는 학생들만 끌고 가기엔 사회 발전이나 유지가 힘들어졌기 때문이다. 이제 학교는 모든 학생들이 자신의 역량을 맘껏 발휘할 수 있도록, 그래서 시민으로서 자신의 책임과 역할을 다할 수 있도록 하는 방향으로 바뀌어야 한다. 또한 미래 사회를 예측하기 어려운 불확실성에 대한 불안이 증가하고 있다. 이러한 미래 사회에 대비하려는 노력이 사회 전반에서 이루어지고 있고, 교육도 예외가 아니다.

미래교육을 이야기하는 사람들 대부분은 교육이 지식 전달이 목적이 아니라 학생들이 살아갈 삶의 지혜를 얻을 수 있는 역량 중심으로 변해야 한다고 주장한다. OECD도 DeSeCo프로젝트 등을 통해 미래 사회에서 필요한 핵심 역량을 제시했는데, 특히 불확실한 미래 사회에서 어떠한 상황을 맞이하더라도 대응할 수 있는 변혁적인 역량을 가장 중요한 역량이라고 제시한다. 그러면서 학생의 주체적인 배움에 주목하며 학습자 주도성, 학생 맞춤형 학습의 중요성을 강조했다. 학생들에게 적합한 방식과 내용의 수업 설계는 학습자 주도성의 발현을 촉진하는 수업을 설계하는 것이다. 이는 교사의 역할이 수업 설계자, 연구자, 교육과정 전문가로 학습자의 학습 방향을 예측하고 안내하는 환경을 조성하는 것으로 더욱더 확장되어야 함을 시사한다.

교사에게도 교사 전문성, 즉 교사 주도성이 발현되어야 학습자 주도성을 더불어 이끌어 낼 수 있다. 남미자[2020]는 교사 전문성은 오롯이 개별 교사의 능력과 노력으로 획득되기에는 어려운 점이 있으며, 교사는 학교라는 사회적 공간에 다양한 이해 당사자들과의 관계 안에 존재한다고 보았다. 즉 누구와 어떤 관계를 맺고 있는가에 따라 교사들은 다르게 존재한다. 교사에게 학습과 실천이 분리되어 있지 않다는 점에서 교사학습공동체의 의의가 있다. 교사로서의 경험을 공유하고 이를 집단적으로 성찰함으로써 새로운 실천적 지식을 확장해 나갈 수 있는 것이다. 교육은 결국 사람을 통하는 것이기 때문에, 미래 사회를 준비하는 학생들에게 필요한 학생주도성을 키우려면, 교사 주도성이 동시에 발휘되어야 한다.

교사학습공동체, 어떻게?

어떻게 해야 교사학습공동체를 효율적으로 운영할 수 있을까? 어떠한 정책이나 개념이 현장에 정착되려면 세 가지가 필요하다. 사람, 시스템 그리고 콘텐츠. 교사학습공동체에도 이 세 가지가 필요하지 않을까?

우리의 관계가 먼저
세계적인 화가 몬드리안은 세상의 모든 것은 관계를 통해 나타난다고 했다. 색깔이라는 것도 다른 색이 있어야 존재할 수 있고, 차원, 위치도 다른 것과의 관계 속에서만 그 의미를 찾는다고 했다. 따라서 교사학습공동체 구축을 위해서는 동료 교사와의 관계가 먼저다. 그러고 나서 분절적이고 개인적인 학교문화를 협력하는 문화로 바꿔 나가야 한다. '왜 우리가 이것을 해야 하지?'라는 당위성에 대해 공유하고 내가 가지고 있는 전문성을 동료들과 나누는 것이 중요하다. 또한 나누는 것에 어색해하지 않는 풍토가 중요하다. 현재 학교의 모습은 개별화된 교사가 학생과의 관계에서 상처를 받고, 수업에서의 실패를 경험하며 혼자 고통받는 경우가 많다. 이것은 교사 개인이 고군분투하는 것만으로는 해결되지 않는다. 학교 구성원들과 더욱 친해져야 하고 나의 수업, 교사로서의 고민을 스스럼없이 터놓고 이야기할 수 있는 문화가 만들어져야 한다. 그러면 협력도 저절로 형성될 수 있다.

학교는 매년 2월이 되면 새로운 가족을 맞이하게 된다. 그리고 1년의 학교교육과정을 새롭게 구성하기 위한 학습공동체를 구성한다. 1년 동안의 교육과정을 수립하기 위해 5일간의 워크숍이 진행되며 매년 어떤 방향으로 워크숍을 진행할지 중간 리더들의 기획 협의회를 통해 워크숍 비전을 설정하고 콘셉트를 잡는다.

2021년의 교육과정 워크숍의 비전은 '이공이일異共利壹, Together Everyone Achieves More'로 교사들 간의 협력을 강조한다. 1일 차에는 공존(共存, 함께, 여기 있다)이라는 콘셉트로 서먹할 수 있는 첫 만남을 환영하는 시간으로 맞이한다. 워크숍 첫날은 교사들의 관계 맺기 활동으로 시작해서 전입 교사와 기존 교사들 사이에 어색함을 덜어내고, 소속감과 안정감을 느낄 수 있도록 배려한다. 2일 차에는 공도(共道, 함께 가는 길), 3일 차에는 공력(共力, 함께하는 힘)이라는 주제로 1년간의 학교교육과정의 비전을 공유하고 비전 실현을 위한 구체적인 전략을 수립한다. 학교의 비전을 토대로 학년별 비전을 수립하고, 학년 비전을 공유하며, 비전 실현을 위해 학년별 교과융합 프로그램, 창의적 체험활동, 학년·학급별 특색 있는 인성 프로그램, 각 교과의 평가 계획 및 수업 계획 등의 대략적인 계획을 수립하게 된다. 마지막 날은 공유(共有, 함께 나누다)라는 주제로 1년간의 비전 및 계획 실현을 위해 주제별로 학습공동체를 구성하여 공동 연구, 공동 실천으로 전문성의 동력의 장을 만든다.

[그림 10-3] 놀이로 시작하는 친목도모 활동과 문화예술 활동

집단지성을 촉진하기 위한 학교 시스템

교사학습공동체가 활성화되지 못하고 있는 요인에 대한 대책으로 강호수[2018]는 교사의 과다한 행정업무 완화, 운영 시간 확보, 공동 작업과 공동 연구를 위한 공간 및 예산 확보를 들었다. 이에 교사가 교육 활동에 전념할 수 있도록 행정 중심의 학교 조직을 학교의 현안

[표 10-1] 능동중학교 2월 교육과정 재구성 워크숍

일자	내용

1일 차
공존
共存
(함께, 여기 있다)
	• 전입 교사 소개 및 환영 행사
	• 능동중 사용설명서 만들기(졸업생이 들려주는, 동료들이 들려주는)
	• 능동중학교 돌아보기(모둠별 학교 탐방 후 의미 있었던 공간 나누기)
	• 능동중 보물을 찾아라!!(tip 공유)
	• 공동체 역할 분담 안내
	  – 부서별 업무 안내 브리핑(동영상)
	  – 능동 길라잡이 활용 안내
	• 친목도모 문화예술 활동

2일 차 공도 共道 (함께 가는 길)	• 능동 혁신 3.0 운영안내 • 우리가 꿈꾸는 학교/학교 비전 공유 • 2022년 대입 개편안에 따른 진로진학 지도 방안 • 개정 학교생활규정 및 선도규정 안내 • 학년별 실천 주제 만들기 안내 및 공유 • 학년별 실천 주제 실현을 위한 구체적인 목표 수립 및 공유 • 능동중 교사 공동생활지도안 만들기

3일 차
공력
共力
(함께하는 힘)
	• 학생 중심의 창의적 교육과정 수립 안내
	  (원격수업 안내, 교육과정 재구성, 평가 계획 수립)
	  – 수업 컨퍼런스 및 공개 계획 수립
	  – 교과별 평가 계획 및 연간 계획 수립
	  – 각 교과별 범교과 교육과정 계획 수립 안내
	  (인성, 성, 안전, 독서, 진로)
	  – 교과체험의 날
	  – 교과 시상 계획
	• 학년 주제 중심 교과 교육과정 재구성 안내
	  – 수업, 평가 융합 왜 필요한가? 어떻게 해야 하는가?
	• 학년 주제 중심 교과 교육과정 재구성
	• 학년 주제별 교육과정 재구성
	  (학기 말 프로젝트 수업/주제별 봉사활동)
	• 융합수업 계획 및 학기 말 프로젝트 공유
	• 교과별 평가 계획 수립

4일 차 공유 共有 (함께 나누다)	• 파트너십과 함께하는 집단지성의 힘 • 함께 성장하는 전문적 학습공동체 • 전문적 학습공동체 구성 및 계획 수립 • 인성교육 위주의 학년 및 학급운영 계획 수립 안내 • 인성교육 위주의 학년 및 학급운영 계획 세우기 • 학급 가이드라인 세우기 실습 • 학급운영 사례 공유(실패해도 괜찮아!) • 3월 2일 일정 안내 • 학년별 3월 2일 운영 협의

및 교육적 문제 해결을 목표로 하는 학습 조직으로 전환할 수 있게 해야 한다. 시간과 장소의 구애를 받지 않고 지금 내가 있는 곳이 협력의 장이 될 수 있도록 학습하는 조직이 좋은 조직이다. 학교에서 이루어지는 모든 교무, 행정업무는 학생 교육 활동을 중심으로 이루어지는 것이 좋다. 뿐만 아니라 전시성 행사 및 전달 중심의 회의를 지양하고 업무 간소화 등 행정업무를 경감하기 위한 노력이 필요하다.

능동중학교 조직의 체제는 혁신학교 운영원리를 기반으로 하는 4대 혁신학교 운영체제와 실천 전략으로 설정할 수 있다. 새 학기 교육과정 워크숍 및 협의 체제를 통해 혁신학교 철학을 공유하고 학년의 비전을 수립하며 그에 따른 구체적인 실천 전략을 세우기 위한 활동을 수행하고 있다. 대부분의 혁신학교는 새 학기 워크숍을 통해 혁신학교의 철학을 내면화하고, 비전을 반영하여 학교교육과정을 수립한다. 그리고 이때 설계된 계획들을 학기 중에 실천하고 평가하고 반성하는 과정을 갖는다. 민주적인 협의 체제를 통해 교직원들은 학교 운영의 비전과 철학을 이해하고 적용할 수 있다. 또한 집단지성의 발휘로 협력적 문제 해결의 향상까지도 기대할 수 있다.

학교 조직과 혁신학교 운영에서 중요한 도구로 교직원 협의 문화를 꼽을 수 있다. 내가 근무하는 학교에서는 교직원들이 학교문화 개선 및 학교의 문제를 공동으로 연구하고 해결하기 위해 월 1회 안건을 가지고 협의하는 '능동하모니'라는 회의 체제가 있다. 학교 구성원이 이 회의를 통해 자발적으로 안건 제시에 참여하고 소통을 기반으로 학교의 여건과 상황을 고려하여 문제를 진단하고 구체적인 실

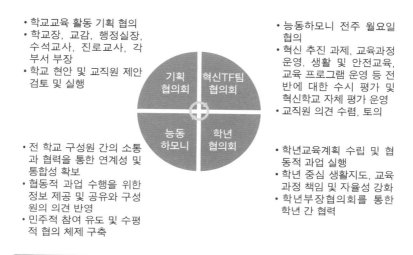

- 학교교육 활동 기획 협의
- 학교장, 교감, 행정실장, 수석교사, 진로교사, 각 부서 부장
- 학교 현안 및 교직원 제안 검토 및 실행

기획협의회

혁신TF팀협의회

- 능동하모니 전주 월요일 협의
- 혁신 추진 과제, 교육과정 운영, 생활 및 안전교육, 교육 프로그램 운영 등 전반에 대한 수시 평가 및 혁신학교 자체 평가 운영
- 교직원 의견 수렴, 토의

능동하모니

학년협의회

- 전 학교 구성원 간의 소통과 협력을 통한 연계성 및 통합성 확보
- 협동적 과업 수행을 위한 정보 제공 및 공유와 구성원의 의견 반영
- 민주적 참여 유도 및 수평적 협의 체제 구축

- 학년교육계획 수립 및 협동적 과업 실행
- 학년 중심 생활지도, 교육과정 책임 및 자율성 강화
- 학년부장협의회를 통한 학년 간 협력

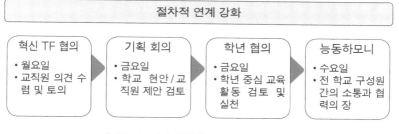

절차적 연계 강화

혁신 TF 협의
- 월요일
- 교직원 의견 수렴 및 토의

기획 회의
- 금요일
- 학교 현안 / 교직원 제안 검토

학년 협의
- 금요일
- 학년 중심 교육 활동 검토 및 실천

능동하모니
- 수요일
- 전 학교 구성원 간의 소통과 협력의 장

[그림 10-4] 능동중학교 민주적 협의체계

천 전략을 수립하는 내용으로 진행이 된다. 학교장은 구성원 간의 신뢰를 바탕으로, 권한을 위임하고 민주적인 학교문화를 이끌어 낼 수 있도록 지지하고 격려한다. 매주 금요일 기획회의와 학년협의회를 통해 능동하모니 협의 안건이 도출된다. 능동하모니가 있는 전주 월요일에는 혁신TF협의회에서 추가로 안건을 상정하거나, 협의를 효율적으로 진행하기 위한 방법 등을 논의한다. 월 1회 수요일에 있는 능동

하모니에서 최종 협의가 이루어진다. 능동하모니에서 협의된 내용은 학교장이 적극적으로 수렴하려고 노력한다. 그렇기 때문에 교직원들은 자유롭게 토의, 토론할 수 있고, 학교 문제 해결에 자발적으로 노력한다.

다양한
콘텐츠 구성

교사학습공동체는 어떤 내용을 만들어 갈까? 콘텐츠에 대해서는 어느 학교나 고민하기 마련이다. 어떤 내용으로 사례를 나누는 것이든 가장 중요한 것은 언제 어디서든 협력 문화 시스템을 구축하는 것이다. 저자가 근무하고 있는 학교는 학교에서 전반적으로 발생하는 문제들에 대해 함께 고민하고 해결하기 위한 학습공동체 조직을 학년별, 교과별, 주제별 학습공동체로 구성하여 운영하고 있다.

학년 학습공동체나 교과 학습공동체는 각 학년이나 교과의 비전을 수립하고 협의하는 문화 속에서 성장 가능하다. 주제별 학습공동체는 매년 학습자 주도성과 학교교육과정의 효율적인 운영에 필요한 역량에 대해 고민하고, 그 고민을 함께 나누고 실천한다.

이를 위해 먼저 3단계로 문제를 탐색한다. 교사들은 원하는 수업, 올해 꼭 해 보고 싶은 학급 경영, 이를 위해서 필요한 것들을 키워드로 적어 모으고, 모아진 키워드들을 비슷한 주제끼리 유목화한다. 교

학년 공동체	↔	교과 공동체

<table>
<tr><td>

학년 공동체

- 매주 금요일
- 2, 3, 4주는 1, 2, 3학년 교과 담당 전체 참석
- 교과통합, 생활지도 관련 공동 연구 및 실천

</td><td>

교과 공동체

- 매주 교과별 해당 요일
- 교과 관련 공동 연구 및 공동 실천
- 컨퍼런스 공동 지도안 작성 및 실천
- 주제별 공동체 연구 내용 공유 및 실천

</td></tr>
</table>

주제별 학습공동체

- 2, 4주 수요일
- 주제별 공동 연구 및 수업에 적용
- 교과 동료 교사와 공유
- 공동 연구, 실천 및 사례 공유

[그림 10-5] 능동중학교 교사학습공동체의 체계

[그림 10-6] 2020 능동중학교 민주적 협의체계

사들은 이렇게 유목화된 주제별로 모여서 구체적인 연구주제를 선정한다. 연구주제가 선정되면 모든 교사에게 공유하고 연구를 원하는 주제를 선택하여 그 주제별로 모이게 된다. 마지막으로 어떻게 연구주제를 실행할 것인지 얼개를 잡는 활동을 진행하게 된다.

주제별 학습공동체가 결정되면 각 주제별로 활동을 하고 매년 연구 결과 공유회를 열게 된다. 2019년에는 함께 경험하고 실천하기라는 주제로 공유회를 열었고, 2020년에는 구글 사이트를 이용해 비대면 공유 활동을 했다. 이 공유 활동을 통해 교사들은 자신이 속해 있는 학습공동체의 연구 활동을 성찰해 볼 수 있고, 다른 학습공동체의 연구 활동을 이해하고 시야를 확장하는 경험을 하게 된다.

[그림 10-7] 교사학습공동체 주제 정하기 단계별 진행

교사학습공동체는 미래교육을
앞당길 수 있을까?

학교자치가 요즘 화두이다. 코로나 팬데믹 상황에서도 학교자치의 중요성이 강조되고 있다. 교육공동체가 학교교육 활동에 대해 함께 논의하고 만들어 가며 그에 대해 함께 책임을 지는 학교자치가 활성화되기 위해서도 교사학습공동체가 먼저 구축되어야 한다. 교사학습공동체가 운영되는 이유는 학생의 배움과 성장을 돕기 위한 교사 전문성을 신장시키기 위해서다. 그것을 토대로 교실에서 실천하는 것이 학교교육과정이다. 교사학습공동체를 통해 교육과정에 대한 고민을 함께 해결하기 위해 논의하고, 그 결과가 수업 상황에서 학생과 함께 어우러질 때 그 목적이 달성될 수 있다. 교사학습공동체를 통한 교사협력의 경험이 잠재적 교육과정으로 학생들에게 전달될 때, 학생들도 협력할 수 있는 문화를 조성할 수 있다. 따라서 교사학습공동체는 학교자치에도 긍정적인 영향을 미친다.

또한 교사학습공동체는 로컬과 만나야 한다. 『오래된 미래』의 저자 헬레나 노르베리 호지는 "진정한 민주주의, 온전한 경제로 회복하려면 삶의 중심을 로컬로 전환해야 한다"라고 하였다. 미래 세대에게 필요한 다양한 역량 중에 학생 스스로 자신의 삶을 만들어 갈 수 있는 역량을 키우려면 학교 안의 자원만으로 한계가 있다. 이는 학생의 배움이 삶에 연결되기 위해 지역, 마을과 넘나드는 학습 경험이 필요함을 말해 주는 것이다. 기존의 전문적 학습공동체의 참여 주체를 교사에서 확장하여 다양한 학교교육과정 운영의 주체가 참여하여 마을과 연계한 학교 안팎의 문제 상황을 학습하고, 이를 학교교육과정에 반영하여 해결 방안을 모색하는 학습공동체의 새로운 전환이 필요하다.

『코로나 사피엔스』에서 최재천 교수는 코로나 바이러스에 대비하기 위한 진정한 대안으로 생태백신과 행동백신이라는 이야기를 한다. 생태백신은 근본적으로 우리 삶의 자세를 성찰하고 자연과 공존하고 기후변화를 위해 노력하는 인식의 백신이고, 행동백신은 그러한 인식을 몸소 행동으로 실천하는 것을 말한다. 우리에게도 생태백신과 행동백신이 필요한 것 같다. 이제 지식 전달 교육보다는 학생이 배움의 주체로서 자신의 사고를 경험할 기회를 제공해야 한다. 더불어 행동백신으로서의 교사 전문성은 개별 교사가 단지 자기계발의 과정이 아니라 윤리적 주체로서 자신을 형성하는 것이다. 교사학습공동체는 교사 조직이 윤리적 주체로 성장할 수 있도록 발전해 나가야 할 것이다.

4부

코로나 바이러스 재난이
던진 과제

11장
아이들을 위한 안전망을
어떻게 구축할 것인가?

김동화

코로나19로 인해
교육과 멀어지는 아이들

우리 사회에 나타나고 있는 심각한 문제들 중 하나는 빈부격차를 비롯한 양극화가 갈수록 더욱 심화되고 있다는 점이다. 양극화 현상은 학교에서도 서서히 두드러지고 있다. 가정형편에 따라 학생들의 다양한 사교육을 통한 선수학습으로 학력에 격차가 발생하거나, 학습과 관련된 직간접적인 경험 차이로 학생들의 인식이나 사고의 격차가 발생하고 있다. 또한 특수교육 대상자나 다문화 학생 또는 탈북학생 등 출발선에 제대로 서지도 못하는 취약 계층 아이들도 학교현장에서 경쟁으로 내몰리는 모습을 보인다.

이러한 경쟁에서 밀려나는 아이들을 지켜보면서 교사로서 마음 아프고 안타까웠던 적이 많았다. 그나마 다행스러운 점은 이런 취약 계층의 학생들도 사회의 구성원으로 거듭날 수 있도록 법과 정책을 통해 사회안전망을 구축해 다양하게 지원하면서 상황이 점차 개선되고, 긍정적인 변화도 나타나고 있다는 것이다. 그러나 2020년에 우리는 코로나19로 대격변을 맞이하게 되었고, 양극화 현상은 기존의 노력을 수포로 돌리며 더욱 심화되고 있다. 교육부와 한국교육과정평가원에서 실시한 '2020년 국가수준 학업성취도 평가' 결과에 따르면, 보통학력 이상인 학생 비율이 줄고,[7] 기초학력 미달 학생 비율은 증가하였다.[8] 이에 대해 교육부는 코로나19에 따른 등교 축소, 원격수업 전환에 대한 부적응 등으로 충분한 학습이 이뤄지지 못했다고 보았다. 이러한 격차는 소수의 취약 계층의 아이들을 더욱 어렵고 힘든 상황에 처하게 만든다. 코로나19는 사회뿐 아니라 학교에도 많은 변화를 강제하였고, 이러한 변화를 적용하는 과정에서는 일반적인 상황을 기준으로 대책을 수립하여 추진할 수밖에 없었다. 이후 소수에 불과한 취약한 아이들에 대한 대책도 관계 부처에서 추가하여 보완을 했지만, 돌이켜 보면 충분한 지원이 이루어지지 못한 아쉬움이 남았다.

실제로 원격수업으로 개학이 결정된 이후, 원격수업에 필요한 웹캠

---

7. 보통학력 이상 비율은 중3 국어 82.9 → 75.4, 영어 72.6 → 63.9, 고2 국어 77.5 → 69.8로 유의미하게 감소하였다.
8. 기초학력 미달 비율은 중3 국어 4.1 → 6.4, 영어 3.3 → 7.1, 고2 국어 4.0 → 6.8, 수학 9.0 → 13.5, 영어 3.6 → 8.6으로 유의미하게 증가하였다.

이나 노트북, 태블릿PC 등의 원격수업용 기자재들은 수요가 공급을 추월하면서 빠르게 구입하는 것이 힘들어졌고, 가격이 평소보다 몇 배나 올라 버리고 중고 제품이 신제품의 정상 가격보다 비싸지는 기현상도 나타났다. 그나마 가정에서 관심과 지원을 충실히 받는 학생들은 기존에 보유하고 있는 기자재를 활용하거나, 비싼 가격에라도 구입하여 원격수업을 적절하게 대비할 수 있었지만, 취약 계층의 아이들은 원격수업용 기자재를 원하는 대로 구입하기 힘들었다. 이에 교육청에서는 학교에서 보유하고 있는 기자재를 필요로 하는 학생들에게 대여해 주도록 했고, 가정에서 원격수업을 들을 수 있도록 통신비를 지원하는 등의 대책을 마련하였다. 그러나 일선 학교에서 보유하고 있던 태블릿PC는 필요로 하는 학생 수에 비해서도 부족했고, 대부분의 기기는 출시된 지 몇 년 지난 보급형 제품으로 원격수업을 원활하게 듣는 데 부족한 경우도 많았다. 다행스럽게 이에 대한 예산 지원이 추가로 이뤄지면서 1년 정도 지난 지금은 온라인 수업에 필요한 장비들이 많이 보급되었지만, 그 사이의 간극을 메우기는 어려웠다는 점은 아쉽다.

한편, 혼자서 원격교육을 진행하기 어려운 특수교육 대상자나 우리말에 대한 이해가 많이 부족한 다문화 학생이나 탈북 학생들은 원격수업을 듣는 것이 힘들어서 문제가 되었다. 이들은 가족이 옆에서 함께 수업을 들으며 도와주지 않는다면 원격수업으로 충분한 학습을 할 수가 없었다. 특히 다문화 학생 중에서 외국인 가정이며 중도 입국한 아이들의 경우, 우리말을 거의 하지 못하여 원격수업은 배움에 치명적이었다. 나도 몇 년 전에 우즈베키스탄에서 온 5학년 외국인 학생을 가르친 적이 있었는데, 우리말을 전혀 하지 못해서 정말 힘들었다. 대면수업에서도 힘든 이런 아이들에게 원격수업은 학교 교육을 포기하라는 것과 다름없었을 것이다. 탈북 학생 중에서도 제3국 출생이 있는데, 이 학생들도 우리말을 거의 모른다. 나는 2020년에 탈북 학생들의 초기 정착에 도움을 주는 위탁 교육을 담당했었는데, 내가 만난 탈북 학생들 중 절반 정도는 우리말을 거의 못하는 상황이었다. 탈북 학생임에도 우리말을 못하는 학생들이 많은 까닭은 탈북민들의 탈북 과정이 엄청 어렵기 때문이다. 탈북자들은 탈북 과정에서 브로커에게 많은 돈을 줘야만 우리나라까지 올 수 있다. 그래서 탈북민들은 일단 중국으로 1차 탈북을 한 뒤, 중국에서 부족한 돈을 벌기 위해 오랜 시간을 보내는 와중에 아이를 낳아서 기르다 한국으로 오거나 탈북 여성이 중국에서 생활하며 중국인 남성을 만나 아이를 낳고 살다가 한국으로 오는 경우가 생각보다 많이 있다. 그래서 이러한 학생들은 중국에서 태어나서 살다가 한국으로 오기 때문에 중국어만 할 줄 아는 상태로 들어오는 것이다.

내가 맡은 업무는 이런 아이들을 입국 초기 적응 활동으로 3개월 정도 가르치는 업무였는데, 그 시간 동안 아무리 열심히 가르쳐도 일반적인 원격수업을 들을 수 있는 정도로 한국어가 늘지 않는다. 그렇다고 언어가 안되는 다문화 학생이나 탈북 학생들이 가정에서 도움을 받는 것도 사실상 힘들다. 이 학생들의 부모님들도 한국에 정착해서 살아가기 위해 일을 해야 하는 경우가 대다수라 가정에서 하는 원격수업을 도와주기가 힘들며, 설령 도와줄 여유가 있더라도 우리가 당연하게 느끼고 쉽게 하는 것들을 다른 세상에서 살아온 그분들은 전혀 이해하지 못해 도움이 되지 못하는 경우도 많다.

이처럼 교육현장에 급격한 변화가 있을 때마다 변화를 따라갈 수 있느냐에 따라 필연적으로 격차가 발생하고 기존의 격차도 더욱 커지게 된다. 따라서 학교교육 의존도가 높은 소외 계층 학생들은 교육 취약성이 더욱 심화될 수 있다는 문제점이 두드러지는 것이다. 교육부는 2021학년도 2학기부터는 전면 등교를 하도록 준비하는 등 예전 상황으로 되돌리고자 하지만, 이미 변화된 현실에 적응한 대다수를 다시 예전으로 돌리는 건 쉽지 않다. 게다가 앞으로 대면수업만큼 블렌디드 수업도 일반화될 것이라 전망한다. 그래서 우리는 변화하는 교육현장에서 취약 계층 아이들의 교육 취약성을 줄이는 방법을 고민해야 한다. 나는 그 해결책으로 교육과 복지가 다각적으로 밀접하게 연계된 촘촘한 교육복지 안전망을 구축해야 한다고 생각한다.

교육복지 안전망에 대한 현재의 정책들

교육복지 안전망은 학습, 안전, 돌봄에 공백이 생기기 쉬운 복지 사각지대에 있는 학생들을 돕기 위해 현재 교육부 사업으로 실시하고 있으며, 시·도교육청이나 지역교육지원청에서 추진하고 있다. 또 교육복지사가 배치되어 있지 않은 학교의 취약 계층 학생들을 발굴하여 개개인에 필요한 맞춤형 지원으로 교육복지 사각지대를 해소하는 사업도 있다.

교육복지사 또는 학교사회복지사를 학교에 배치하여 운영하는 경우는 내가 근무하는 경기도를 기준으로 2010년부터 본격적으로 도입되기 시작하였다. 현재는 수원·성남·용인·안양·군포·의왕 등 6개 지자체와 각 교육지원청이 '학교사회복지사업' 운영 내용을 담은 업무협약을 맺고 2017년부터 2022년 2월까지 5년간의 사업이 진행 중인 상황이다. 이 사업을 통해 지자체는 예산을 지원하고, 학교에서는 학교사회복지사를 고용하여 취약 계층 아이들을 지원하는 것이다. 학교에 배치된 학교사회복지사들은 학생 상담 및 치료, 권리 보호를 위한 유관 기관 연계 등을 하며 긍정적인 변화를 가져오고 있다. 또한 코로나19로 등교수업이 중단되었을 때는 학교사회복지사가 직접 개별 가정방문을 통해 학생과 소통하는 등의 역할도 하였다. 이에 학생, 학부모, 학교 등의 만족도도 높게 나타났다. 그러나 이러한 긍정적인 성과에도 불구하고 이 사업은 예산이 지속적으로 확보되지 못하면 중단 위기를 맞는다. 학교사회복지사는 그 필요성에도 불구하고 현재는 법률이 아니라 지자체의 조례를 근거로 운영되고 있으며, 기초지방자치단체에서 관련 예산을 전부 지원하기 때문에 지속적으로 예산을 확보하는 게 어려운 실정이다. 실제로 2022년에 종료되는 '학교사회복지사업'을 재추진하기로 결정한 지자체는 아직까지 없다.

이는 교육부에서 추진하는 교육복지안전망 시범사업도 말 그대로 시범사업에서 그칠 수 있다는 우려를 하게 만든다.

아이들을 위한 안전망 구축을 어떻게 해야 할까?

교육복지 안전망이 중요하다고 갑자기 엄청난 예산을 쏟아붓는 것은 불가능할 것이다. 그래서 예산 사용의 우선순위를 따지자면, 교육복지사를 늘려야 한다고 생각한다. 취약 계층의 부모들은 자녀에게 지원을 하고 싶은 마음은 있지만, 현실적인 문제로 지원이 부족한 경우가 많다. 이러한 문제는 실제로 학생들에게 많은 영향을 주고 위기 상황을 초래하기도 한다. 이러한 문제를 지금까지는 학교나 교사가 해결하도록 하고 있다. 그러나 담임교사는 취약한 소수 학생에게 필요하고 적절한 사업을 파악하고 기간에 맞춰 지원을 신청하기에는 힘든 부분이 많다. 이에 소수의 도움이 요구되는 학생들에게 담임의 관심 및 도움과 함께 전문적으로 도움을 줄 수 있는 교육복지사의 확충 및 지원이 필요한 것이다. 교육복지사를 학교마다 채용하는 데는 많은 예산이 들므로 장기적인 과제로 두고, 적은 예산을 효율적으로 사용하기 위해서 지역별로 교육복지사를 두고 필요로 하는 아이들과 연결하는 방식으로 시작해 나가야 한다. 이런 방식은 일부 지자체가 실시한 '학교사회복지사업'에 비해 효과성은 떨어지지만, 예산 확보 면에서 유리하다.

　교육복지센터의 교육복지사 업무가 효과를 보기 위해서는 학교와 교사의 역할에 대한 시스템을 구축하는 것도 필요하다. 학생들에 대한 방임이나 돌봄 공백, 교육 소외 등의 위기에 처한 아이들을 발굴하는 것에 학교와 교사의 역할이 중요해지기 때문이다. 학생 개별로 맞춤식 상담과 정서·심리적 지원을 하는 것은 교육복지사가 하더라도, 개별 학생들의 상황에 대해 파악하고 지원을 판단하는 과정은 학교가 하는 게 맞다고 본다. 학교와 교사의 역할을 지원이 필요한 취약 계층 발굴에 초점을 맞추고, 지원하는 부분은 교육복지사의 역할로 하는 협업 시스템이 필요하다. 물론 담임은 모든 학생들의 성장과 발달에 책임을 져야 하나, 특히 학대, 방임, 빈곤 등과 같이 복지 전문가의 도움이 필요한 경우는 반드시 협업이 필요하다.

　또한 저소득층 자녀나 특수교육 대상자, 다문화 학생이나 탈북 학생 등의 다양한 취약 계층들에 대한 지원 사업이 현재는 부서별로 나뉘어 있는 상황이라 개별 학생에 따라서는 중복되거나 누락될 수 있어 효율적인 지원이 힘들다. 이러한 문제는 교육청에서 교육복지 관련 사업을 총괄하는 전담 부서를 구성하여 해결할 수 있다. 교육부나 보건복지부, 통일부 등 관계 부처에서 내려오는 교육복지와 관련된 사업들을 통합하고 조정하는 컨트롤 타워 역할을 담당하는 전담 부서가 있다면, 일관되게 교육복지 업무를 추진할 동력을 얻게 될 것이다. 이러한 전담 부서는 지자체나 지역 사회기관과의 네트워크 구성 및 연계에도 많은 장점이 있다.

학교도 교육청이나 교육지원청의 교육복지 전담 부서와 연계할 수 있는 교육복지위원회를 구성하여 운영을 일원화하는 것이 바람직하다. 그렇게 되면 교육복지위원회는 지원이 필요한 아이들을 선별하고 관리하는 시스템을 바탕으로 개별 학생에게 맞춤형 지원을 할 수 있을 것이다. 학교라는 공간에서 버티는 것조차 힘들어하는 학생들이 존재한다. 그 학생들이 힘든 요인은 정말 다양하다. 학교나 지역마다 차이는 존재하지만, 이러한 학생들이 처음부터 힘들어하는 것이 아니다. 점점 버티기 힘들어져서 결국 위기 상황이 오는 것이다. 이러한 학생들을 조기에 발견하고 위기에 처하지 않도록 관리하고 관심을 기울이는 시스템을 학교별로 구축해야 한다. 그러나 현재는 해당 학생의 담임교사가 복지사와의 협력을 구하지 못하는 경우가 많다.

이와 같은 시스템을 구축하는 과정에서 발생 가능한 다양한 상황을 적절하게 대처할 수 있는 매뉴얼도 함께 개발하여 보급하여야 할 것이다. 중도 포기의 위기에 처한 학생을 발굴하기 위한 체크리스트나 학생과 학부모에게 도움을 주기 위해 상담하는 방법 등 사안이 발생할 때마다 교사가 적절히 대처하기 어려운 점들이 있다. 그래서 이런 문제들을 정리한 매뉴얼이 있다면 충분히 빠르고 쉽게 문제를 해결할 수 있을 것이다. 교사들은 매뉴얼에 따라 지원이 필요한 학생들을 찾아내고, 학생들에 대한 지원 여부와 지원 방법은 학교 차원의 위원회에서 관리하는 시스템이라면 학생에 대한 복지 지원이 이전보다 수월해질 것이라 기대된다.

교사의 역할은 시대에 따라 변해 왔다. 예전에는 지식의 전달자로 학생들에게 보다 많은 지식을 이해하기 쉽게 전달하는 방법에 초점을 맞추었다. 요즘은 지식의 전달자보다는 학생들이 스스로 배움을 통해 미래 사회에 필요한 역량을 기를 수 있도록 학습을 촉진하는 역할을 더 필요로 한다. 또한 특수한 상황으로 학습에 대해 포기하려는 학생들을 찾아내 끊임없이 격려하고 믿고 따를 수 있도록 정서적으로 지지를 해 주는 역할 또한 교사가 해야 한다. 제도적으로 전문적인 지원을 해 주는 역할은 교육복지사가 할 수 있지만, 결국 그런 학생들을 교육복지사와 연결시켜 주는 것은 담임교사의 역할이다. 교사가 개별 학생의 어려움과 상황을 깊이 파악하지 못한다면, 결국 위기에 처한 학생들을 구하지 못한다. 제도적 뒷받침은 이러한 교사들의 소명의식과 학생에 대한 애정과 관심의 기틀 위에 우뚝 서서 학생들을 지켜 주는 바람막이가 되는 것이다. 교사들은 학생들을 위하는 마음을 지니고 계속해서 한 명의 아이도 잘못되지 않도록 하겠다는 소명의식으로 노력해 나가야 한다. 교사는 학생들을 바르게 성장시키기 위해 존재하고, 이를 위해 우리 교사들은 지속적으로 노력해야 할 의무가 있기 때문이다.

코로나 바이러스는 우리의 삶에 급격한 변화를 가져왔다. 이러한 변화는 코로나 바이러스가 지나간 이후에도 여전히 우리에게 큰 영향을 줄 것이다. 이러한 변화의 바람은 교육현장에서도 마찬가지로 불어왔고 지나간 이후에도 많은 변화가 다가올 것이다. 이러한 변화는 점점 빨라지고, 취약 계층을 지탱하는 버팀목의 부실함이 드러났다. 변화하는 속도가 빠른 만큼, 교육복지 안전망도 빠르게 준비하고 대처해야 한다. 현실적인 문제를 해결하기 위해 교육정책 등 제도적 뒷받침부터 교사들의 마음가짐까지 변화를 대비하여 부지런히 예측하고 준비하여 미래교육에서는 단 한 명의 학생도 포기하지 않는 교육을 말이 아니라 실제 행동으로 실천해 나가게 되길 진심으로 바란다.

12장
발전하는 공학기술을
어떻게 사용할 것인가?

윤보성

    2020년 4월, '온라인 개학'이 시작되었다. 온라인 학습이라는 사상 초유의 경험은 학생뿐 아니라 현장에 있는 교사들에게도 그야말로 새로운 것이었다. 온라인 수업을 효과적으로 진행하기 위해 수많은 교사들이 머리를 맞대고 아이디어를 내놓았다. 교사들이 가장 힘들어했던 것 중 하나는 용어도 생소한 각종 디지털 도구와 수업 방식을 단시간에 익혀 활용해야 한다는 압박감이었다. 패들렛, 멘티미터, 잼보드, 미리캔버스, 클로바더빙, 구글미트, 줌 등 각종 온라인 수업 도구와 웹캠, 태블릿 등 기존에는 잘 쓰지 않던 공학 도구들이 순식간에 들어왔다. 기기를 다루는 것에 익숙하지 않은 교사들은 당연히 헤맬 수밖에 없었고, 이를 능숙하게 다룰 수 있는지가 교사의 능력을 가늠하는 새로운 잣대가 되었다.

    시대의 변화에 맞추어 새로운 교육 이론이나 기술 등이 학교에 도입되곤 한다. 그럴 때마다 현장에서는 혼란을 느끼면서도 적응하려 부단히 노력한다. 지금의 혼란도 마찬가지다. 변화에 대한 요구는 처음이 아니다. 학교에 다양한 공학 기술이 도입된 것은 최근 1~2년 사이에 갑자기 이루어진 게 아니라 예전부터 지속적으로 있어 왔다. 다만 코로나 바이러스 시대를 맞아 변화의 속도가 훨씬 더 빨라졌을 뿐이다.

이 장에서는 학교가 새로운 공학 기술들을 어떻게 받아들였고, 그것이 지금까지 어떤 방식으로 교육을 바꾸고 있으며, 코로나19 이후에는 어떻게 대응해야 하는지에 대해 이야기를 나눠 보고자 한다.

변화하는
교육 환경

코로나19로 인해 온라인 수업이 전격 시행되었고, 인터넷을 기반으로 한 다양한 수업 도구와 디지털 기기 등이 급속도로 확산되어 학교의 모습을 완전히 바꿔 놓았다. 그런데 학교는 이러한 변화에 익숙하다. 되돌아보면 학교는 기술의 발전에 따라 지속적으로 변화해 왔는데, 시대의 흐름에 따라 변화가 지속되기도 하고 유행처럼 사라지기도 했다.

학교가 공학적으로 큰 변화를 맞이하게 된 첫 번째 사건(?)은 1990년대 후반과 2000년대 초반, 교실에 컴퓨터와 TV, 인터넷 등이 자리를 잡게 되면서부터일 것이다. 이러한 변화는 그 당시 학교 입장에서는 지금 우리가 겪는 혼란만큼 충격적이었다. 동영상을 자유자재로 편집하고 여러 가지 온라인 수업 도구들을 능숙하게 다루는 교사들이 코로나19 시대에 각광을 받는 것처럼, 그 당시에는 컴퓨터 프로그램을 얼마나 다룰 수 있느냐가 교사의 중요한 능력이었다. 워드나 엑셀 자격증 등 컴퓨터와 관련된 자격증을 따는 것이 유행이었고, 수업에서 PPT를 사용하는 교사는 첨단을 달리는 교사였다. 학생들은 교실에 있는 프로젝션 TV 화면을 통해 자료를 보는 것만으로도 흥미진진한 경험을 할 수 있었다. 여기에 CD플레이어, 실물화상기 등 수업 보조 기기들이 더해지면서 교사들은 완전히 새로운 환경에 적응해야만 했다.

컴퓨터와 인터넷이 없어서는 안 될 필수 도구로 정착하면서, 이러한 흐름을 정확히 파악한 교육업체들은 인터넷으로 활용 가능한 플랫폼 개발에 매진하게 되었다. 'ㅇ나라'나 'ㅇ이스크림' 같은 수업 보조 플랫폼이 민간 기업들에 의해 개발되었다. 이와 함께 나이스(NEIS: 종합교육행정정보시스템)라는 온라인 시스템이 도입되면서 학교는 두 번째로 대변혁을 맞이했다. 나이스가 처음 도입될 당시 교원단체를 중심으로 격렬한 반대에 부딪혔던 것을 기억하는가? 지금은 당연하게 현장에서 쓰이는 것이 그 당시에는 엄청난 모험이었다. IT 인프라가 전국적으로 빠르게 갖춰지고 있는 상황에서 이러한 변화는 학교도 예외일 수 없었다. 교사들은 빠른 속도로 적응해 갔다. 현재 NEIS 없는 학교는 상상할 수도 없다. 교사들은 지금도 여러 교육업체에서 제공하는 온라인 플랫폼에 가입하여 수업에 활용하고 있다. 이와 동시에 국가에서도 수업에 도움이 될 수 있는 각종 온라인 플랫폼을 개발하고 현장에서 활용하도록 권장했는데, 2010년도부터는 디지털 교과서나 에듀넷 등 정부 주도의 온라인 플랫폼이 개발되어 활용되었다.

세 번째 변화는 코로나 바이러스로 맞이하게 된 온라인 수업이다. 앞서 언급한 여러 가지 변화의 공통점은 오롯이 대면수업을 전제로 활용된 기술이라는 점이다. 지금처럼 학교라는 공간을 벗어난 교육은 시기상조이며 공상과학영화에나 나오는 먼 미래의 일이라고 생각했다. 하지만 갑작스러운 코로나 바이러스의 출현은 교육 공간의 변화를 이끌어 냈다. 시공간의 제약을 넘어설 수 있는 온라인 교육은 미래 사회에서 활용될 에듀테크의 대표적인 양상으로 이해되고 강조되어 왔다.황규호, 2020 현재는 온라인 수업이라는 새로운 형태의 수업에 맞추어 이를 효과적으로 뒷받침할 수 있는 공학 기술들이 학교현장에 도입되고 있다.

온라인 수업의 최대 난제는 기존 대면수업과 같은, 혹은 그 이상의 효과를 어떻게 구현해 낼 수 있을까 하는 점이다. 이를 해결하기 위해 다양한 온라인 수업 도구가 소개되고, 활용법과 수업 아이디어 등이 교사들의 자발적인 노력으로 전국 각지에서 공유되고 있다. 특히 배움 중심, 협력 중심의 수업으로 수업의 패러다임이 변화하는 시점에 이를 온라인 환경에서도 구현할 수 있도록 여러 시도가 진행되고 있다.

처음 온라인 개학을 시작했을 때는 몇몇 선도적인 교사와 학교를 제외하고는 쌍방향 수업은 엄두도 내지 못했으나 불과 몇 개월 만에 아주 보편화된 수업 방식이 되었다. 온라인 수업으로는 일제식 수업이나 강의식 수업밖에 할 수 없다는 푸념 또한 이제는 온라인 소그룹 회의나 각종 소통 플랫폼, 수업 도구를 활용하여 극복해 가고 있다. 이러한 소프트웨어적 환경을 뒷받침하기 위해 학교현장에서는 와이파이망을 설치하거나 태블릿이나 웹캠 등 온라인 수업 보조 도구를 빠른 속도로 보급하여 새로운 수업 환경 인프라를 구축하고 있다. 미래형 교수학습이 가능한 첨단 ICT 기반 스마트 교실이나 다양한 학교 공간 혁신 아이디어 등도 활발하게 논의되고 있다.

교육부와 산업통상자원부가 공동 주최하는 '에듀테크 코리아 페어'는 2020년에 15회째를 맞이하였다. 이 박람회에서는 IT 기술의 발달에 따라 진화해 온 다양한 공학 기술과 기기들이 소개되었다. 무선미러링, 전자칠판 등은 이미 교실에서 활용되고 있으며, VR, 3D프린터 등 최첨단 학습 도구들도 속속 선보이고 있다. AI를 활용한 맞춤형 개별화 진단 도구 등 새로운 형태의 플랫폼도 계속 개발되고 있다. 여러 교육 공학 기술들을 소개하고 활용하려는 노력은 21세기에 들어와서 민관 구분 없이 지속적으로 이루어지고 있고, 에듀테크는 이미 유망 산업의 한 축이 되어 관련 스타트업의 성공 사례를 뒷받침하고 있다.

미래 학교의
모습

A교사는 e학습터에 '세계의 인문환경과 자연환경 탐방'에 대한 모둠 과제를 제시하여 학급운영 플랫폼에 공지한다. 학생들은 동기유발 활동으로 세계의 여러 인문환경과 자연환경을 소개하는 VR 영상을 시청한 후 관심사나 의문점 등을 학급 게시판에 태블릿으로 적는다. 학생들은 교실에서 각각의 개별 과제를 부여받았으며, 예시 자료와 참고 사이트 등을 미리 안내받았다. A교사는 학교에서 조사하기보다는 각자 집에서 조사하는 것이 효율적이라고 생각하여, 모둠별협의를 위해 방과 후 16시부터 화상회의를 개설하여 모둠별로 10분씩 중간 점검을 한다. 발표 자료는 개인별로 지급된 태블릿을 활용해제작하며, 교실에서 발표할 때는 미러링을 통해 모든 학생이 볼 수 있도록 한다. 온라인 쪽지 프로그램에 각자 접속하여 발표를 듣고 난 후의 여러 생각들을 태블릿을 이용하여 실시간으로 쓴다. 모둠에서는 발표 후 질문 사항에 대해 응답하거나 어려운 질문은 교사의도움을 받는다. 각 모둠의 발표 자료는 학급운영 플랫폼의 온라인과제자료실에 탑재하여 학부모들도 같이 공유할 수 있도록 한다. 교사는 피드백 자료를 학급운영 플랫폼 개인방에 올려놓고 보충학습이필요한 학생들과 1:1 또는 그룹 지도를 병행한다.

코로나 바이러스 이전에 이러한 미래 수업을 상상했다고 가정하고지금의 느낌과 비교해 보자. 어떤 생각이 드는가? 불과 몇 년 전만

하더라도 대부분의 사람들은 이러한 교실 풍경을 시기상조라고 했을 것이다. 하지만 현재의 시점에서 바라보면 학교에서 실제로 진행하고 있는 온라인 수업이나 블렌디드 수업과 상당히 흡사하다.

미국 매사추세츠공대MIT 출신 살만 칸은 2014년 칸랩 스쿨을 만들었다. '개인 맞춤형 교육으로 학업성취도를 높인다'는 목표를 가지고 있으며, 입학 후에는 학년 구분이 없고 학생들은 인공지능 기술을 기반으로 추천받은 맞춤형 교육을 받는다. 벤 넬슨이 창설한 미네르바 스쿨은 모든 강의와 평가가 온라인으로 진행된다. 이러한 다양한 교육 실험은 상상을 현실로 구현할 수 있는 기술이 뒷받침되기 때문에 가능하다.

우리는 앞으로 바이러스 시대가 저물어 가더라도 당연하다는 듯이 모니터를 앞에 두고 수업을 하고, 발표와 토론을 할 것이다. 바이러스 시대를 버티기 위해 위기 대응 방법으로 선택되었던 원격수업은 교육체제 안에 들어와 기본 구성 요소가 될 것이다.임완철, 2020 현재 학교에서 사용하고 있는 원격수업 플랫폼은 이 위기 상황이 끝나더라도 없어지지 않을 것이며, 온라인 학습을 경험하며 느낀 장점을 살리기 위해 다양한 방법으로 활용될 것이다. 가정과 학교에서 원활하게 수업을 할 수 있도록 IT 기반의 인프라 구축은 더욱 속도를 낼 것이며, 교과서로 대표되는 학생들의 기본 학습 도구는 태블릿 같은 공학 기기로 대체될 것이다.

미래 학교의 모습이 단순히 기술 발전 때문에 변하는 것은 아니다. 이러한 변화는 기술 발전 때문이기도 하지만, 학생들이 미래 사회를 살기 위해 갖추어야 할 역량과 기술이 과거와는 현저하게 달라졌기 때문이다. 위에서 언급한 다양한 교육 실험들이 시도되는 이유는 기존의 교육 시스템만으로는 21세기에 갖추어야 할 핵심 역량을 기르는 데 한계가 있다고 생각하기 때문이다. 에듀테크는 단순히 수업 시간에 기기를 활용하는 방식을 의미하는 것이 아니라, 교육의 전반적인 패러다임을 전환하는 큰 흐름이다. 새로운 공학 도구를 학생들에게 보여 주고 흥미를 유발하는 수준을 넘어, 수업 시간에 교과서를 펴듯 각종 공학 도구를 사용하는 것이 당연한 수업 방식이 되며, 구현하기 어려웠던 실험이나 실습, 토의 토론, 프로젝트, 체험학습 등을 더욱 자유롭게 경험하게 될 것이다. 교육과 기술을 접목시키는 에듀테크는 이제 보편적인 학교문화로 자리 잡게 될 것이다.

우리는 받아들일 준비가
되어 있는가

시대의 흐름과 기술의 발전에 따라 학교는 지속적으로 변화를 요구받아 왔다. 기존에 보지 못했던 새로운 기자재들이 교실 안으로 들어오기도 했고, 반면 시간이 지남에 따라 유행이 지난 것들은 버려지기도 했다. 교사들은 이러한 환경에 계속 노출되었고 새로운 기술과 기법들을 꾸준히 익혀야 하는 과제를 부여받게 되었다. 그렇다면 이런 질문을 해 보자. 학교는 이러한 공학 기술의 변화에 긍정적으로 반응하는가? 또 현장에서는 이를 적극적으로 활용할 준비가 되어 있는가?

학교가 기술 발전에 따른 변화에 대응했던 사례 중 개인적으로 겪었던 첫 번째 사례는 NEIS(나이스: 종합교육행정정보시스템)의 도입에 대한 교사들의 반발이었다. 현장에서는 획기적인 시스템의 변화를 상당히 두려워했던 것으로 기억한다(초임 교사였던 나는 출석부를 손으로 쓰지 않는다는 사실이 그저 놀라웠다). 학교는 기술 발전에 따른 시스템 변화나 수업 변화를 본능적으로 거부하고 관망하려는 특징이 있다. 물론 당시 학생 개인정보 관련 보안 이슈 때문에 반대했던 것은 신중함의 표현으로 볼 수 있다.

두 번째는 현장에서 각종 공학적 도구를 활용한 수업-컴퓨터와 실물화상기, TV 모니터 등을 적극적으로 이용하는-을 실현하기 시작한 사례이다. 이러한 대응은 변화의 흐름에 적응하고 기술의 발전을 수업에 효과적으로 활용하고자 하는 긍정적인 면이 있었지만, 새로운 공학 기술의 활용이라는 화려한 겉모습에 집중하거나 소위 '클릭 교사'라는 부끄러운 용어가 탄생하는 계기도 되었다. 또한 기술 발전이 가속화되면서 VCR과 실물화상기 등 소위 1세대 공학 기기들은 그 쓰임새가 불분명해졌으며, 새로운 기기들-웹캠과 무선마이크, 미러링 등-로 무장한 새로운 시대의 교실과 함께 점점 교실 뒤쪽으로 자리를 옮기게 되었다.

교실에서 쓰이는 각종 공학 도구들은 수업을 보조하는 역할을 수행한다. 그런데 현장에서는 활용의 목적은 고민하지 않고 맹목적으로 따라 쓰는 경우가 많다. 예를 들면 수업의 효과를 끌어올리기 위해 실물화상기를 쓰는 것이 아니라 실물화상기를 쓰기 위해 수업을 구상한다는 것이다. 게다가 새로운 기기와 기술의 활용에 피로감을 느껴 유행에 따라 몇 번 써 보다 마는 경우, 기계에 친숙하지 않아 활용을 두려워하는 경우 등 여러 가지 제약으로 인해 새로운 공학 기술들이 제대로 도입되지 못하는 경우가 되풀이되고 있다. VR 같은 최근에 들어온 공학 기술들도 마찬가지다. 영재학급 같은 특별학급에서 활용하거나 체험학습 형태로 일 년에 한두 번 맛보는 정도로만 소개되는 경우가 많고, 실제로 수업에 어떤 도움이 되고 어떻게 활용해야 하는지에 대한 고민은 깊지 않다.

내가 근무하고 있는 학교에서 최근 전문적 학습공동체 교사를 대상으로 설문을 실시해 보았다. '코로나 바이러스 종식 이후에도 온라인 플랫폼이나 각종 온라인 수업 도구를 계속 사용할 생각이 있는가'라는 질문에 43.5%의 교사가 굳이 쓸 필요가 없다고 응답했다. 학교의 변화는 필연적이고 바로 눈앞에 와 있는데 교사의 현실 인식은 상당히 더디게 진행되고 있다는 느낌이 들었다.

교사들의 인식에 대해 언급했지만, 코로나 바이러스 종식 이후에는 지금 학교현장에서 수행하고 있는 온라인 수업이 사라지고 예전과 같은 대면수업으로 전환될 것이라는 기대는 굉장히 위험한 생각이다. 위에서 미래의 수업을 상상해 본 것처럼, 코로나 바이러스가 종식되더라도 비대면수업이 완전히 사라지지는 않을 것이다. 이것은 단순히 온라인이냐 오프라인이냐의 문제를 넘어선다. 온라인 수업에

특화된 각종 수업 도구와 수업 방식들이 하루아침에 사장될 리가 만무하고, 오히려 긍정적 효과를 경험했던 학생과 교사들의 요구에 의해 지속적으로 활용될 가능성이 훨씬 높다. 각종 첨단 기기와 기술들이 이미 교실 안으로 들어와 활용되고 있으며, 국가 차원에서도 디지털 시대에 맞는 인프라 구축에 속도를 내고 있기 때문에 새로운 시대로의 전환은 필연적이라고 할 수 있다.

교사들은 이제 학교 안에서만 머무르지 않고 전국의 교사들과 함께 콘텐츠를 공유하고, 각종 연수를 나눈다(물론 비대면으로). 비대면 연수가 활성화되었으며 교사가 제작하여 배포하는 수많은 콘텐츠가 온라인으로 자유롭게 공유되면서 자연스럽게 교사의 생존 방식도 변화하고 있다. 정기적인 수업 장학과 형식적인 교실 개방에서 전문적 학습공동체를 바탕으로 더욱 적극적인 교사 간의 소통과 연구 문화가 정착되고 있으며, 더 나아가 온라인을 기반으로 한 상호 개방과 공유의 문화가 일상이 되어 가고 있다. 교사들은 앞으로 시공간의 벽을 허물며 교류하게 될 것이며, 시대의 흐름을 적극적으로 받아들이고 다양하게 소통하는 교사만이 인정받게 될 것이다.

물론 새로운 기술이 소개되면 일단 투입하고 보는 정책 집행 방식에도 보완할 점이 있다. 학교가 어떤 방향으로 나아가야 하고 이를 위해 어떤 기술들이 활용되어야 하는지에 대한 고민을 현장과 함께 나누지 못하고 정책이 만들어지는 경우가 많기 때문에, 새로운 기술이 소개되어도 적응과 활용이라는 난제를 고스란히 현장의 교사들이 떠안고 있다. 혁신학교가 교사들의 자발성을 바탕으로 확산된 것처럼 지금의 온라인 학습이 교사들의 자발적인 노력으로 인해 급속도로 발전했다는 것을 부정할 수 없다. 실시간 화상회의 프로그램 연수부터 시작하여 각종 온라인 학습 도구들을 다루는 방법과 교수 학습 사례들이 단시간 내에 굉장한 속도로 교사들에게 알려지게 되었는데, 이러한 현상은 유튜브와 각종 온라인 커뮤니티를 자유롭게 사용할 수 있는 환경과 어우러져 온라인 수업의 질을 높이는 데 기여했다. 국가와 지역사회는 학교가 지금껏 경험하지 못한 새로운 변화의 한가운데에서 부단히 노력하고 있다는 것을 인식하고, 이들의 고민을 귀담아듣고 맞춤 지원을 할 수 있는 다양한 시스템을 마련해야 한다.

학교는 앞으로 만나게 될 학생들이 완전히 다른 세대의 학생이라는 것을 분명하게 인식하고, 이들이 다시금 학교에서 사람들을 만나고 함께 배우는 일상의 소중함을 느낄 수 있도록 도와주어야 한다. 이를 위해 학생들에게 친숙한 각종 온라인 환경이 대면수업에서 적절히 활용되도록 새로운 방식의 수업을 지속적으로 연구할 필요가 있으며, 학교가 의미 있는 공간이라는 것을 학생들이 느낄 수 있도록 온라인 환경을 활용한 다양한 상담이나 피드백 등을 활성화시켜야 한다. 집중력이 갈수록 짧아지고 새로운 자극이 지속적으로 필요한 학생들에 맞추어 새로운 공학적 기술들도 적극적으로 활용해야 한다. 화상회의 시스템이나 VR 같은 여러 디지털 인프라를 활용하면 교실과 학교라는 한정된 공간에 얽매이지 않고 다양한 시공간에서 더욱 풍부한 경험을 할 수도 있을 것이다. 디지털 친화적인 미래의 학생들에게는 이에 맞는 공학 기술을 적절히 활용하는 수업과 학교 공간이 제공되어야 한다. 과거와 같은 학교 공간이지만 온라인과 오프라인의 장점을 혼합하여 구성하는 블렌디드 러닝, 학생 각각의 성향과 과제 수행 수준 등에 맞추어 제공하는 개별화 수업 및 피드백 관리, 각종 기기를 적극적으로 활용하여 최상의 간접 경험을 할 수 있도록 하는 교실 속 시스템 구축과 인프라 확충 등이 코로나 바이러스 종식 이후의 대전환을 맞아 해결해야 할 과제들이다.

에듀테크 시대를 맞이하는 우리의 자세

코로나19 종식 이후의 학생들을 어떻게 바라봐야 할까? 2년여 동안 비대면 환경에 적응한 학생들이 바로 예전처럼 돌아오는 것은 굉장히 어려울 것이다. 이전 시대의 학교로 돌아오라고 이들에게 강요하는 것도 이치에 맞지 않는다. 지금까지의 학교는 시대에 따라 시시각각 변하는 새로운 세대의 학생들을 온전히 받아들이기가 어려웠다. '19세기의 교실에서 20세기의 교사가 21세기의 학생을 가르친다'는 말이 코로나 바이러스 이후에는 없어져야 하지 않을까?

학교는 분명 새로운 미래를 맞이할 것이다. 각종 첨단 공학 기술과 기기들이 수업을 바꾸고, 학생을 바꾸고, 교사를 바꿀 것이다. 여러 디지털 환경과 기기들을 활용한 수업이 일상화될 것이고, 학생들은 새로운 시대의 학교를 다니게 될 것이며, 교사들은 온전히 나를 개방하고 시공간을 초월하여 교류하게 될 것이다.

아무리 시대가 바뀌고 기술이 발전하더라도 변하지 않는 것이 있다. 학교는 학생들의 성장을 위해 존재해야 한다는 것이다. 기술은 겉으로 보이는 화려함이 전부가 아니다. 기술은 학생을 위한 도구로서 가치가 있는 것이지 기술 그 자체가 교육은 아니기 때문이다. 대면수업만이 전부이던 시절보다 학생과 학교, 교육에 대해 고민해야 한다. 학교가 변화하는 시대에 발맞추어 진정한 교육 공간의 모습으로 업그레이드되도록 교육공동체가 힘을 모아야 한다. 이러한 노력이 결실을 맺는다면 에듀테크 시대의 학교는 우리에게 더없이 좋은 미래교육의 청사진을 제시할 수 있을 것이다.

13장
학교자치를
어떻게 발전시킬 것인가?

이창재

재난 시기의
학교자치

학교자치라는 용어는 1995년 5·31 교육개혁에 따라 학교운영위원회가 생기면서 본격적으로 사용되었다. 학교운영위원회는 초·중등교육법에 따라 단위학교의 자치를 위해 생겨난 법정기구이며 학교와 마을의 교육공동체가 참여하여 학교 정책 결정에 민주성과 자주성을 실천하는 기구로 운영이 되었다. 이렇게 학교운영위원회는 학교자치의 시발점이라고 할 수 있다. 일례로 경기도교육청[2016]은 "학교에서의 모든 의사결정은 학교를 구성하고 있는 교사, 학생, 학부모, 지역사회가 교육공동체에 의해 민주적으로 이루어질 수 있도록 자율권을 보장하는 것"이라고 정의하였다. 이 외의 다른 시·도교육청에서도 학교 구성원의 민주적 참여라는 비슷한 개념으로 학교자치에 대해 기술하고 있다. 이러한 것들은 근거로 학교자치를 정리해 보면, 다음과 같다.

> 학교 공동체의 구성원인 학생, 학부모, 교직원, 지역 주민이 학교의 전반적인 운영(교육과정, 교육 방법, 평가, 인사, 재정, 시설 및 환경 등)에 자율성을 가지고 참여하여 책임과 규제를 바탕으로 자주적으로 결정하고 학교를 운영하며, 학교의 특성에 맞는 교육력 향상을 위해 교육공동체 모두가 노력하여 학교문화를 조성하는 것.

2020년 초 거짓말처럼 시작된 코로나19로 인해 우리 사회에는 엄청난 변화가 일어났다. 그동안 대면으로 이루어졌던 모든 것들이 변화했다. 또 불필요했던 많은 것들이 축소되었다. 하지만 너무나 갑작스러운 변화로 인해 모든 사람이 시련을 겪게 되었다. 모든 회의는 온라인으로 하게 되었고, 근무는 재택으로, 수업은 집에서 할 수밖에 없었다. 게다가 언제 어디서나 항상 마스크를 착용할 수밖에 없었다. 사람들은 어떻게든 적응하려고 애썼고, 그 안에서 살아갈 능력을 발휘하게 되었다. 학교도 마찬가지다. 그동안 학원들에서 많이 사용했던 인강, 즉 인터넷 강의가 코로나 시대의 새로운 교육 수단이 되었다.

그 이전에 인강은 학원에 갈 수 없는 학생이나 먼 지역에서 양질의 강의를 듣기 위한 방법이었다. 그런데 공교육에 인터넷 강의가 들어왔고, 단순히 단방향 강의가 아닌 소통이 있는 쌍방향 인터넷 수업을 하고 있다. 처음에는 많은 어려움과 충돌이 있었다. 방역에서 수업까지 모든 것이 학교에 맡겨졌다. 자료를 만드느라고 야근도 마다하지 않았다. 영상을 찍고 편집하고 자료를 만들고, 그것을 알리고 피드백을 하는 일련의 과정이 모두 교사 개인에게 주어졌다. 일부 젊은 교사들은 이 상황을 어떻게든 해결하기 위해 연수를 듣고 프로그램을 배웠다. 그리고 그것을 함께 나누었다. 하지만 대부분의 교사들에게는 이 과정을 모두 소화하기에는 너무 힘들고 어려웠다. 수십 년 동안 우리가 해 왔던 모든 것을 한순간에 바꿔야만 했다.

처음 접한 팬데믹 시대에 모두가 답답해했다. 학교현장은 현장대로 아수라장이었다. 누구도 어떤 것도 정해 주지 않았다. '온라인 수업을 해라, 이러한 방법이 있다.' 그뿐이고 모든 것은 교사들이 결정하고 실행해야 했다. 이러한 과정이 진행되자 학부모의 볼멘소리가 나오기 시작했다. '우리 반, 우리 학교는 이렇더라. 다른 학교는 이렇게 한다고 하던데, 왜 우리는 이렇게 안 하지? 똑바로 해라.' 수많은 민원이 학교와 교육청에 폭증했지만 방법은 없었다. 모두가 처음 마주하는 시대였기 때문이다. 그래도 학교에서는 방법을 찾아갔다. 혼자 애쓰던 수업 준비를 학년에서 공유하고 함께 역할을 나누어 만들기 시작했다. 온라인 수업 방법에 대해 내가 수업하는 방법, 내가 사용하는 플랫폼과 그 방법을 공유했다. 동료성을 통해 함께 상황에 대처해 나간 것이다.

포스트 코로나 시대의
학교자치

　팬데믹 이전의 학교에서 자치는 무엇이었을까? 학교자치란 단위학교 교직원, 학부모, 학생 등 구성원들의 자발적 참여를 통해 학교교육과 관련된 일을 민주적으로 결정하고 실행해 나가는 것을 말한다. 즉, 교육공동체가 함께 노력하여 학교의 문제를 해결하고 아이들을 성장시키기 위한 비전을 세우고 이를 실현해 나가는 과정이다. 특히 혁신학교들은 대토론회를 통해서 학교의 현안을 공유하고 함께 해결 방법을 찾아갔다. 여러 가지 다양한 프로젝트를 학부모와 함께 조직하여 아이들을 위한 신나는 교육과정을 운영하려고 힘썼다. 누가 시켜서 한 것이 아니라 학교 스스로 학부모와 만나고 아이들과 만나며 학교자치를 실현하고 있었다. 자치의 과정은 어렵다. 학교의 민낯도 보여 줘야 하고 상대를 이해하기 위해 많은 노력도 해야 한다. 수많은 협의와 만남, 그리고 이해의 과정이 있어야 한다.

　혁신교육 10년 동안 수많은 노력을 통해 교육공동체는 소통을 해왔다. 그런데 이렇게 힘들었던 학교자치가 코로나19에 한순간 무너져 버렸다. 기존 방식으로 본다면, 이 재난이 학생과 학부모와의 소통을 끊어 버린 것이다. 학교 내 교직원 간의 소통 또한 끊어 버렸다. 소통의 단절, 관계의 단절이 와 버렸다. 온라인 속 소통은 익숙하지 않았다. 문자나 카톡의 소통이 아닌 진정한 소통 말이다. 소통이 끊어지니 불신이 가득해지고 화가 나기 시작했다. 학부모는 학교를 믿지 못하고 교사도 학부모를 믿지 못하게 되었다. 교사들 간에도 옆 반의 조금 더 노력하려는 교사를 혼자 잘난 교사 취급을 하며 비난 하기도 했다. 소통의 총체적 난국이었다. 교사회의도 각자의 교실에서 온라인, 수업도 온라인, 학부모 총회도 온라인 모두가 온라인 속에 갇혀 있었다. 이러한 상황 속에서도 학교는 돌파구를 찾아냈다.

그 돌파구는 학교자치다. 학교자치란 "학교 교육공동체의 구성원 (학생, 학부모, 교직원, 지역 주민)이 학교교육 운영에 관한 권한을 갖고 자율과 자치, 학교민주주의에 기반하여 학교를 운영하여 교육공동체가 지향하는 목적을 달성하기 위해 노력하는 것"이다. 학교들은 저마다 그 특성이 다르다. 그렇기 때문에 문제 해결 방법 또한 다르게 나타날 것이다. 어떠한 문제를 학교에 맞게 공동체가 함께 해결해 가는 것이 학교자치다. 낡은 법과 제도에 얽매이지 않고 적극적으로, 자율적인 학교 공동체의 자치문화를 만들어야 한다. 학교의 자율성과 역량은 학교 구성원들의 공동체성과 민주주의를 통해 성숙된다. 학교자치는 신뢰와 존중의 민주적 공동체를 바탕으로 교육공동체들의 자율적 참여와 책임 있는 운영 속에서 이루어져야 한다. 코로나 이후에 학교에서는 과감하게 교육과정 운영에 자율성을 발휘해야 한다고 생각한다.

먼저 변화시킬 수 있는 것부터 시작해야 한다. 시수의 증감, 교육과정의 재구성, 교사별 평가와 과정 중심 평가, 학생의 성장에 초점을 맞춘 다양한 교육 활동으로의 변화가 필요하다. 또한 원격수업 상황에서 학생들에게, 그리고 학부모들에게 적극적인 피드백과 소통을 통해 신뢰와 존중의 관계를 쌓아야 한다. 이를 위해 학교가 학습을 위한 안전한 공간으로 인식되어야 한다. 학교자치는 이러한 신뢰 속에서 싹트고, 안전한 공간으로 성장해 나가야 한다. 코로나 재난 속에서도 서서히 안정을 찾아가고 있는 학교현장은 다시금 전면 등교 전환이라는 혼란 속에서 적응해 나갈 것이며, 이것은 학교자치의 성과라고 볼 수 있다. 학교자치가 선언에서 그치는 것이 아니라 현장에서 정착되기 위해서는 학교가 변화할 수 있도록 지원하고 믿고 기다리는 시간이 필요하다.

학교자치를 위해서는 교육 주체 모두의 노력이 필요하다. 학교의 관리자, 교사뿐 아니라 또 다른 교육 주체인 학생, 학부모의 역할과 노력도 매우 중요하다.

첫째 학교의 관리자는 학교 경영의 책임자로서 학교의 운영이 자율적으로 이루어질 수 있도록 지원해야 할 것이다. 학교의 교육과정뿐만 아니라 모든 단위의 사업들에서 학교 조직의 권한 분산이 필요하다. 이를 위해 관리자는 교사TF 팀을 만들고 각종 위원회를 활용하여 협의하고 사업을 진행해 나가야 한다. 이전의 모든 결정 권한이 집중되어 있는 구조에서는 학교자치가 이루어지기 어렵다. 권한의 분산이 관리자의 역할 수행을 방해하거나 권위를 끌어내리는 것이 결코 아니다. 민주적 리더십은 오히려 관리자의 권위를 끌어올리는 것이다.

둘째, 학교자치를 실현하기 위해서는 교사들에게도 변화가 필요하다. 교사들의 가장 중요한 역할은 교육과정의 운영이다. 그동안의 교육과정 운영을 답습하는 것은 이제 더 이상 허용될 수 없다. 팬데믹 시대의 교육과정은 변화무쌍해야 한다. 기본을 지키면서 교육과정 운영에서 교사 자율권을 최대한 활용해야 한다. 동료 교사와 소통과 협의를 통해 어떻게 우리만의 교육과정을 만들어 갈지 항상 고민해야 한다. 또한 학교 운영 전반에 걸쳐 적극적으로 참여해야 한다. 이제 우리 반뿐만 아니라 우리 학교의 운영에도 적극적으로 참여해야 한다. 이를 위해서는 교직원회의가 단순 학교 운영 사항을 전달하고 지시하는 장이 아닌 학교 운영 관련 토론을 하고 공문이나 지시사항에 대해 협의가 이루어지는 형태로 바뀌어야 한다. 10년간의 혁신학교 운영으로 인해 많은 학교들의 교직원회의 형태가 바뀌었지만, 아직도 소통과 협의의 공간이 아닌 지시와 전달의 장인 경우가 많다. 이에 교사 스스로 문제점을 찾고 바꾸어 나가야 한다.

셋째, 학교자치를 위해서 학부모의 역할은 아주 중요하다. 교사들은 전보로 인해 학교를 떠나지만, 그 학교의 문화를 이어 나가고 오랜 시간 정주하는 것은 학부모이다. 학교가 자율적으로 움직이기 위해서 학부모의 신뢰와 참여가 필요하다. 학교가 교육과정을 운영하고 실행하는 데 학부모의 신뢰가 없다면 어려운 점들이 많다. 학부모는 학교를 믿고 학생들의 성장을 위해 지원을 아끼지 말아야 할 것이다. 또 학부모회 등의 학부모 기구에 적극적으로 참여해야 한다. 학부모회 등의 기구가 현재는 학교의 행사 지원, 학부모 의견 수렴 등의 기능을 수행하는 것이 대부분이라 적극적으로 참여하지 않고 귀찮은 것으로 치부되기도 한다. 학부모 스스로 자신이 교육공동체의 일원임을 인식하고 학교 운영에 적극적 지원과 관심을 갖고 참여해야 한다. 학부모들이 학교 운영에 자율적으로 참여하고 스스로 성취감을 느낀다면 학부모 스스로 성장하는 공동체의 주체가 될 수 있을 것이다.

넷째, 학교자치의 가장 중요한 주체는 바로 학생이다. 학교자치를 하려는 것도 우리 학교와 학생에 맞는 학교 운영을 하기 위해서일 것이다. 학생들 스스로 학생자치회를 통해 의사결정을 하고 학교 운영에 참여할 수 있도록 해야 한다. 이를 위해서는 교육 활동 및 학교 운영에서 학생들이 참여할 수 있도록 문화를 조성해야 한다. 이러한 문화는 학교가 만들어 주어야 한다. 학교에서 조력자와 협력자가 되어 주지 않는다면 오롯이 학생 스스로 자치회를 만들고 운영하기는 어렵다. 학생들 또한 이러한 학교 활동에 적극적으로 참여하여 우리 학교, 내가 만들어 가는 학교라는 인식을 가져야 할 것이다.

이와 같이 학교자치를 위해서는 모든 주체의 노력이 필요하다. 모든 주체가 교육공동체로서 자율과 책임을 지니고 학교 운영에 참여해야 한다. 또한 학교는 이런 자율적 운영 구조를 확립하기 위해 노력해야 할 것이다. 학교자치는 학교민주주의에 기반을 두어야만 정착될 수 있다. 학교 스스로 무엇인가를 결정하고 실행하기 위해서는 관리자와 몇몇의 의견이 아닌 학교 구성원 모두의 의견을 수렴할 수 있어야 할 것이다. 학교문화가 변화하고 제도가 이를 뒷받침해 준다면 구성원 모두가 학교 공동체의 자율성을 높이는 학교자치를 실현할 수 있을 것이다.

참고 문헌

경기도교육청(2020). 경기 블렌디드 러닝의 이해. 미간행유인물.
경기도교육청(2021). 경기도 초·중·고등학교 교육과정 총론. 미간행유인물.
경기도교육청(2021). 학교자치 도움 자료집: 학교자치 한해살이. 미간행유인물.
경기도교육청·교육부(2019). 교육공동체의 행복한 성장, 학교자치를 통해 실현
　할 수 있습니다. 미간행유인물.
공우석(2020). 지구와 공생하는 사람 생태. 이다북스.
교육부(2015). 교육과정 총론. 미간행유인물.
교육부·한국교육과정평가원(2020). 고등학교 학생평가 톺아보기.
권순정(2020). 코로나19 이후 교육의 과제: 재조명되는 격차와 불평등. 서울특별
　시교육청 교육연구정보원.
권희중, 신승철(2021). 10대와 통하는 기후정의 이야기. 철수와영희.
김덕년(2017). 교육과정-수업-평가-기록 일체화. 에듀니티.
김용(2020). 서울혁신교육정책 10년 연구. 서울교육정보연구원.
김재춘(2018). 학교의 미래, 미래의 학교: 제4차 산업혁명과 교육. 미래엔.
김한길, 김천기(2018). 배움 및 학습자를 우선시하는 담론에 대한 비판적 고찰:
　비에스타(G. Biesta)의 상호주관성 논의를 중심으로. 교사교육연구. 57(4),
　629-641.
김혁동, 윤상준, 이동배, 임재일, 주주자, 최경철, 황현정(2019). 나눔으로 행복하
　고 배움으로 성장하는 교사학습공동체. 즐거운학교.
김혜진, 이동엽, 최인희(2021). TALIS 2018 결과로 본 한국 중학교 교사의 협력
　활동. 한국교육개발원.
남미자(2020). 기후위기와 교육체제의 전환 방향. 경기도교육연구원.
남미자, 박은주, 이성희, 조민지(2020). 교사전문성의 대안적 접근으로 교사행위
　자성에 관한 탐색적 연구. 경기도교육연구원.

박미희(2020). 코로나19 시대의 교육격차 실태와 교육의 과제: 경기 지역을 중심으로. 교육사회학연구. 30(4), 113-145.

박미희, 정용주(2020). 코로나19와 교육: 교육 공공성 실현을 위한 학교자치. 경기도교육연구원.

박승규(2009). 사회과 교육인간학의 가능성 탐색. 사회과교육연구. 16(3), 51-61.

서울신문(2020. 3. 30.). 환경파괴로 터전 잃은 바이러스, 인간을 돌고 돈다.

서은정(2018). 환경교육과정. 교육과학사.

소경희, 최유리(2018). 학교 중심 교육개혁 맥락에서 교사의 실천 이해: '교사 행위주체성' 개념을 중심으로. 교육과정연구. 36(1), 91-112.

안희경(2020). 오늘부터의 세계. 메디치미디어.

엄수정(2020). 교육과정 (재)구성과 교사 행위주체성: Butler와 Bhabha의 수행성 관점을 중심으로. 교육과정연구. 38(3), 57-77.

엄윤미, 한성은(2020). 미래 학교. 스리체어스.

오기출(2020). 기후위기와 '깨어나는' 바이러스. 국제신문, 2020년 4월 1일 자.

이명섭, 김학미, 이윤진, 정윤리, 최미현(2017). 교육과정-수업-평가-기록 일체화 실천편. 에듀니티.

이상원, 이수종, 우정애, 김강석, 이성희(2021). 중학교 환경. 천재교과서.

이성회(2021). 생태학적 '교사 행위주체성'의 한계와 대안: 비판적 실재론에 기반한 '관계적 교사행위자성' 개념모델 탐색. 교육사회학연구. 31(1), 129-154.

이형빈(2015). 교육과정-수업-평가, 어떻게 혁신할 것인가?. 맘에드림.

이호준, 김봉석(2020). 4차 산업혁명 시대의 비인간적 전환 담론에 비추어본 사회과 시민성으로서 포스트 휴먼. 사회과교육. 59(4), 179-196.

이화진 외(2016). 미래 사회 변화 및 학령기 인구 감소 대비 학교교육 진단과 교육 방향 탐색. 한국교육과정평가원.

임완철(2020). 언택트 시대 에듀테크 담론에 대한 비판적 고찰: 에듀테크를 대상으로 하는 '장치의 교육학' 시론. 교육비평. (46), 6-29.

정영식(2020). 비대면 시대의 원격수업 방향. 한국교육학술정보원.

조윤정, 박휴용(2020). 코로나19와 교육: 교사전문성에 주는 시사점. 경기도교육연구원.

조효제(2020). 탄소 사회의 종말. 21세기북스.

최동석(2013). 인간의 이름으로 다시 쓰는 경영학. 21세기북스.

최원형(2019). 환경과 생태 쫌 아는 10대. 풀빛.

최재천(2021). 생태적 전환, 슬기로운 지구 생활을 위하여. 김영사.

최재천, 장하준, 최재붕, 홍기빈, 김누리(2020). 코로나 사피엔스. 인플루엔셜.

한겨레(2020. 5. 19.). 조선시대판 코로나도 이상기후 때 창궐했다.

한기순, 심승엽(2020). 코로나19 상황에서 초·중·고 원격수업에 대한 대중의 인식: 온라인뉴스 댓글 테마분석. 한국교육. 47(4), 35-68.

허연구(2019). 중등 '성장중심 평가'로 학생의 전인적 성장을 이끌어야! 경기도교육연구원.

허연구, 이형빈, 김자영, 김성수, 강미향(2019). 학생의 성장을 위한 중등평가 혁신방안 연구. 경기도교육연구원.

환경부·(사)환경교육센터(2019). 교육실천가를 위한 사회환경교육론. 이담북스.

황규호(2020). 포스트 코로나 시대 국가교육과정의 과제. 교육과정연구. 38(4), 83-106.

Beck, U. (2006). (홍성태 역). 위험사회: 새로운 근대(성)를 향하여. 새물결.

Bernsen, M. (2020). (오연호 역). 삶을 위한 수업. 오마이북.

Bieri, P. (2015). (문항심 역). 자기 결정. 은행나무.

Grusin, R. (2015). *The Nonhuman Turn*. University of Minnesota Press.

Hall, G. & Hord, S. (2011). (양성관 외 역). 학교 변화와 혁신: 패턴, 원리, 당면과제. 학지사.

Harari, Y. (2018). (전병근 역). 21세기를 위한 21가지 제언. 김영사.

Katzenmeyer, M. & Moller, G. (2019). (양성관 외 역). 잠자는 거인을 깨워라: 학교혁신을 위한 교사리더십. 에듀니티.

Latour, B. (2010). (홍석욱 역). 인간, 사물, 동맹: 행위자네트워크 이론과 테크노사이언스. 이음.

Lucas, A. (1972). *Environmental and Environmental Education: Conceptual Issues and Curriculum Implication* (PhD thesis). The Ohio State University Press.

Michelet, J. (2021). (조한욱 역). 미슐레의 민중. 교유서가.

Noddings, N. (2008). (이지헌 외 역). 행복과 교육. 학이당.

Yukl, G. (2013). (강정애 외 역). 현대조직의 리더십 이론. 시그마프레스.

삶의 행복을 꿈꾸는 교육은 어디에서 오는가?

● **교육혁명을 앞당기는 배움책 이야기** 혁신교육의 철학과 잉걸진 미래를 만나다!

한국교육연구네트워크 총서

 01 핀란드 교육혁명
한국교육연구네트워크 엮음 | 320쪽 | 값 15,000원

 02 일제고사를 넘어서
한국교육연구네트워크 엮음 | 284쪽 | 값 13,000원

 03 새로운 사회를 여는 교육혁명
한국교육연구네트워크 엮음 | 380쪽 | 값 17,000원

 04 교장제도 혁명
한국교육연구네트워크 엮음 | 268쪽 | 값 14,000원

 05 새로운 사회를 여는 교육자치 혁명
한국교육연구네트워크 엮음 | 312쪽 | 값 15,000원

 06 혁신학교에 대한 교육학적 성찰
한국교육연구네트워크 엮음 | 308쪽 | 값 15,000원

 07 진보주의 교육의 세계적 동향
한국교육연구네트워크 엮음 | 324쪽 | 값 17,000원
2018 세종도서 학술부문

 08 더 나은 세상을 위한 학교혁명
한국교육연구네트워크 엮음 | 404쪽 | 값 21,000원
2018 세종도서 교양부문

 09 비판적 실천을 위한 교육학
이윤미 외 지음 | 448쪽 | 값 23,000원
2019 세종도서 학술부문

 10 마을교육공동체운동:
세계적 동향과 전망
심성보 외 지음 | 376쪽 | 값 18,000원

 11 학교 민주시민교육의
세계적 동향과 과제
심성보 외 지음 | 308쪽 | 값 16,000원

 12 학교를 민주주의의 정원으로
가꿀 수 있을까?
성열관 외 지음 | 272쪽 | 값 16,000원

한국교육연구네트워크 번역 총서

 01 프레이리와 교육
존 엘리아스 지음 | 한국교육연구네트워크 옮김
276쪽 | 값 14,000원

 02 교육은 사회를 바꿀 수 있을까?
마이클 애플 지음 | 강희룡·김선우·박원순·이형빈 옮김
356쪽 | 값 16,000원

 03 비판적 페다고지는
세상을 변화시킬 수 있는가?
Seewha Cho 지음 | 심성보·조시화 옮김
280쪽 | 값 14,000원

 04 마이클 애플의 민주학교
마이클 애플·제임스 빈 엮음 | 강희룡 옮김
276쪽 | 값 14,000원

 05 21세기 교육과 민주주의
넬 나딩스 지음 | 심성보 옮김 | 392쪽 | 값 18,000원

 06 세계교육개혁:
민영화 우선인가 공적 투자 강화인가?
린다 달링-해먼드 외 지음 | 심성보 외 옮김 | 408쪽 | 값 21,000원

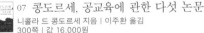

 07 콩도르세, 공교육에 관한 다섯 논문
니콜라 드 콩도르세 지음 | 이주환 옮김
300쪽 | 값 16,000원

 08 학교를 변론하다
얀 마스켈라인·마틴 시몬스 지음 | 윤선인 옮김
252쪽 | 값 15,000원

 09 존 듀이와 교육
짐 개리슨 외 지음 | 김세희 외 옮김
372쪽 | 값 19,000원

 10 진보주의 교육운동사
윌리엄 헤이스 지음 | 심성보 외 옮김
324쪽 | 값 18,000원

11 사랑의 교육학
안토니아 다더 지음 | 유성상 외 옮김
412쪽 | 값 22,000원

 혁신학교
성열관·이순철 지음 | 224쪽 | 값 12,000원

 행복한 혁신학교 만들기
초등교육과정연구모임 지음 | 264쪽 | 값 13,000원

 서울형 혁신학교 이야기
이부영 지음 | 320쪽 | 값 15,000원

 대한민국 교사, 어떻게 가르칠 것인가?
윤성관 지음 | 320쪽 | 값 15,000원

 아이들을 어떻게 가르칠 것인가
사토 마나부 지음 | 박찬영 옮김 | 232쪽 | 값 13,000원

 모두를 위한 국제이해교육
한국국제이해교육학회 지음 | 364쪽 | 값 16,000원

● 비고츠키 선집 시리즈 발달과 협력의 교육학 어떻게 읽을 것인가?

 생각과 말
레프 세묘노비치 비고츠키 지음
배희철·김용호·D. 켈로그 옮김 | 690쪽 | 값 33,000원

 성장과 분화
L.S. 비고츠키 지음 | 비고츠키 연구회 옮김
308쪽 | 값 15,000원

 도구와 기호
비고츠키·루리야 지음 | 비고츠키 연구회 옮김
336쪽 | 값 16,000원

 연령과 위기
L.S. 비고츠키 지음 | 비고츠키 연구회 옮김
336쪽 | 값 17,000원

 어린이 자기행동숙달의 역사와 발달 I
L.S. 비고츠키 지음 | 비고츠키 연구회 옮김
564쪽 | 값 28,000원

 의식과 숙달
L.S 비고츠키 | 비고츠키 연구회 옮김
348쪽 | 값 17,000원

 어린이 자기행동숙달의 역사와 발달 II
L.S. 비고츠키 지음 | 비고츠키 연구회 옮김
552쪽 | 값 28,000원

 분열과 사랑
L.S. 비고츠키 지음 | 비고츠키 연구회 옮김
260쪽 | 값 16,000원

 어린이의 상상과 창조
L.S. 비고츠키 지음 | 비고츠키 연구회 옮김
280쪽 | 값 15,000원

 성애와 갈등
L.S. 비고츠키 지음 | 비고츠키 연구회 옮김
268쪽 | 값 17,000원

 비고츠키와 인지 발달의 비밀
A.R. 루리야 지음 | 배희철 옮김 | 280쪽 | 값 15,000원

 흥미와 개념
L.S. 비고츠키 지음 | 비고츠키 연구회 옮김
408쪽 | 값 21,000원

 정서학설 I
L.S. 비고츠키 지음 | 비고츠키 연구회 옮김
584쪽 | 값 35,000원

 관계의 교육학, 비고츠키
진보교육연구소 비고츠키교육학실천연구모임 지음
300쪽 | 값 15,000원

 수업과 수업 사이
비고츠키 연구회 지음 | 196쪽 | 값 12,000원

 비고츠키 생각과 말 쉽게 읽기
진보교육연구소 비고츠키교육학실천연구모임 지음
316쪽 | 값 15,000원

 비고츠키의 발달교육이란 무엇인가?
비고츠키교육학실천연구모임 지음 | 412쪽 | 값 21,000원

 교사와 부모를 위한 비고츠키 교육학
카르포프 지음 | 실천교사번역팀 옮김
308쪽 | 값 15,000원

 비고츠키 철학으로 본 핀란드 교육과정
배희철 지음 | 456쪽 | 값 23,000원

 혁신교육, 철학을 만나다
브렌트 데이비스·데니스 수마라 지음
현인철·서용선 옮김 | 304쪽 | 값 15,000원

 경쟁을 넘어 발달 교육으로
현광일 지음 | 288쪽 | 값 14,000원

 혁신교육 존 듀이에게 묻다
서용선 지음 | 292쪽 | 값 14,000원

 독일 교육, 왜 강한가?
박성희 지음 | 324쪽 | 값 15,000원

 다시 읽는 조선 교육사
이만규 지음 | 750쪽 | 값 33,000원

 핀란드 교육의 기적
한넬레 니에미 외 엮음 | 장수명 외 옮김
456쪽 | 값 23,000원

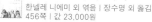 **대한민국 교육혁명**
교육혁명공동행동 연구위원회 지음
224쪽 | 값 12,000원

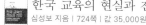 **한국 교육의 현실과 전망**
심성보 지음 | 724쪽 | 값 35,000원

● 4·16, 질문이 있는 교실 마주이야기 통합수업으로 혁신교육과정을 재구성하다!

통하는 공부
김태호·김형우·이경석·심우근·허진만 지음
324쪽 | 값 15,000원

내일 수업 어떻게 하지?
아이함께 지음 | 300쪽 | 값 15,000원
2015 세종도서 교양부문

인간 회복의 교육
성래운 지음 | 260쪽 | 값 13,000원

교과서 너머 교육과정 마주하기
이윤미 외 지음 | 368쪽 | 값 17,000원

수업 고수들
수업·교육과정·평가를 말하다
박현숙 외 지음 | 368쪽 | 값 17,000원

도덕 수업, 책으로 묻고 윤리로 답하다
울산도덕교사모임 지음 | 320쪽 | 값 15,000원

체육 교사, 수업을 말하다
전용진 지음 | 304쪽 | 값 15,000원

교실을 위한 프레이리
아이러 쇼어 엮음 | 사람대사람 옮김
412쪽 | 값 18,000원

마을교육공동체란 무엇인가?
서용선 외 지음 | 360쪽 | 값 17,000원

교사, 학교를 바꾸다
정진화 지음 | 372쪽 | 값 17,000원

함께 배움
학생 주도 배움 중심 수업 이렇게 한다
니시카와 준 지음 | 백경석 옮김 | 280쪽 | 값 15,000원

공교육은 왜?
홍섭근 지음 | 352쪽 | 값 16,000원

자기혁신과 공동의 성장을 위한
교사들의 필리버스터
윤양수·원종희·장군·조경삼 지음 | 280쪽 | 값 14,000원

함께 배움 이렇게 시작한다
니시카와 준 지음 | 백경석 옮김 | 196쪽 | 값 12,000원

함께 배움 교사의 말하기
니시카와 준 지음 | 백경석 옮김 | 188쪽 | 값 12,000원

교육과정 통합, 어떻게 할 것인가?
성열관 외 지음 | 192쪽 | 값 13,000원

학교 혁신의 길, 아이들에게 묻다
남궁상운 외 지음 | 272쪽 | 값 15,000원

미래교육의 열쇠, 창의적 문화교육
심광현·노명우·강정석 지음 | 368쪽 | 값 16,000원

주제통합수업,
아이들을 수업의 주인공으로!
이윤미 외 지음 | 392쪽 | 값 17,000원

수업과 교육의 지평을 확장하는 수업 비평
윤양수 지음 | 316쪽 | 값 15,000원
2014 문화체육관광부 우수교양도서

교사, 선생이 되다
김태은 외 지음 | 260쪽 | 값 13,000원

교사의 전문성, 어떻게 만들어지나
국제교원노조연맹 보고서 | 김석규 옮김
392쪽 | 값 17,000원

수업의 정치
윤양수·원종희·장군 지음 | 280쪽 | 값 14,000원

학교협동조합,
현장체험학습과 마을교육공동체를 잇다
주수원 외 지음 | 296쪽 | 값 15,000원

거꾸로 교실,
잠자는 아이들을 깨우는 수업의 비밀
이민경 지음 | 280쪽 | 값 14,000원

교사는 무엇으로 사는가
정은균 지음 | 292쪽 | 값 15,000원

마음의 힘을 기르는 감성수업
조선미 외 지음 | 300쪽 | 값 15,000원

작은 학교 아이들
지경준 엮음 | 376쪽 | 값 17,000원

아이들의 배움은 어떻게 깊어지는가
이시이 준지 지음 | 방지현·이창희 옮김
200쪽 | 값 11,000원

대한민국 입시혁명
참교육연구소 입시연구팀 지음 | 220쪽 | 값 12,000원

교사를 세우는 교육과정
박승열 지음 | 312쪽 | 값 15,000원

전국 17명 교육감들과 나눈 교육 대담
최창의 대담·기록 | 272쪽 | 값 15,000원

들뢰즈와 가타리를 통해 유아교육 읽기
리세롯 마리엣 올슨 지음 | 이연선 외 옮김
328쪽 | 값 17,000원

학교 민주주의의 불한당들
정은균 지음 | 276쪽 | 값 14,000원

프레이리의 사상과 실천
사람대사람 지음 | 352쪽 | 값 18,000원
2018 세종도서 학술부문

혁신학교, 한국 교육의 미래를 열다
송순재 외 지음 | 608쪽 | 값 30,000원

페다고지를 위하여
프레네의 『페다고지 불변요소』 읽기
박찬영 지음 | 296쪽 | 값 15,000원

노자와 탈현대 문명
홍승표 지음 | 284쪽 | 값 15,000원

선생님, 민주시민교육이 뭐예요?
염경미 지음 | 244쪽 | 값 15,000원

어쩌다 혁신학교
유우석 외 지음 | 380쪽 | 값 17,000원

미래, 교육을 묻다
정광필 지음 | 232쪽 | 값 15,000원

대학, 협동조합으로 교육하라
박주희 외 지음 | 252쪽 | 값 15,000원

입시, 어떻게 바꿀 것인가?
노기원 지음 | 306쪽 | 값 15,000원

촛불시대, 혁신교육을 말하다
이용관 지음 | 240쪽 | 값 15,000원

라운드 스터디
이시이 데루마사 외 엮음 | 224쪽 | 값 15,000원

미래교육을 디자인하는 학교교육과정
박승열 외 지음 | 348쪽 | 값 18,000원

흥미진진한 아일랜드 전환학년 이야기
제리 제퍼스 지음 | 최상덕 · 김호원 옮김 | 508쪽 | 값 27,000원
2019 대한민국학술원우수학술도서

폭력 교실에 맞서는 용기
따돌림사회연구모임 학급운영팀 지음
272쪽 | 값 15,000원

그래도 혁신학교
박은혜 외 지음 | 248쪽 | 값 15,000원

학교는 어떤 공동체인가?
성열관 외 지음 | 228쪽 | 값 15,000원

교사 전쟁
다나 골드스타인 지음 | 유성상 외 옮김
468쪽 | 값 23,000원

시민, 학교에 가다
최형규 지음 | 260쪽 | 값 15,000원

교육과정, 수업, 평가의 일체화
리사 카터 지음 | 박승열 외 옮김 | 196쪽 | 값 13,000원

학교를 개선하는 교장
지속가능한 학교 혁신을 위한 실천 전략
마이클 폴란 지음 | 서동연 · 정효준 옮김 | 216쪽 | 값 13,000원

공자뎐, 논어는 이것이다
유문상 지음 | 392쪽 | 값 18,000원

교사와 부모를 위한
발달교육이란 무엇인가?
현광일 지음 | 380쪽 | 값 18,000원

교사, 이오덕에게 길을 묻다
이무완 지음 | 328쪽 | 값 15,000원

낙오자 없는 스웨덴 교육
레이프 스트란드베리 지음 | 변광수 옮김
208쪽 | 값 13,000원

끝나지 않은 마지막 수업
장석웅 지음 | 328쪽 | 값 20,000원

경기꿈의학교
진흥섭 외 지음 | 360쪽 | 값 17,000원

학교를 말한다
이성우 지음 | 292쪽 | 값 15,000원

행복도시 세종,
혁신교육으로 디자인하다
곽순일 외 지음 | 392쪽 | 값 18,000원

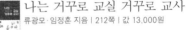
나는 거꾸로 교실 거꾸로 교사
류광모 · 임정훈 지음 | 212쪽 | 값 13,000원

교실 속으로 간 이해중심 교육과정
온정덕 외 지음 | 224쪽 | 값 13,000원

교실, 평화를 말하다
따돌림사회연구모임 초등우정팀 지음
268쪽 | 값 15,000원

학교자율운영 2.0
김용 지음 | 240쪽 | 값 15,000원

학교자치를 부탁해
유우석 외 지음 | 252쪽 | 값 15,000원

국제이해교육 페다고지
강순원 외 지음 | 256쪽 | 값 15,000원

선생님, 페미니즘이 뭐예요?
염경미 지음 | 280쪽 | 값 15,000원

평화의 교육과정 섬김의 리더십
이준원 · 이형빈 지음 | 292쪽 | 값 16,000원

학교를 살리는 회복적 생활교육
김민자·이순영·정선영 지음 | 256쪽 | 값 15,000원

 수포자의 시대
김성수·이형빈 지음 | 252쪽 | 값 15,000원

 교사를 위한 교육학 강의
이형빈 지음 | 336쪽 | 값 17,000원

 혁신학교와 실천적 교육과정
신은희 지음 | 236쪽 | 값 15,000원

 새로운학교 학생을 날게 하다
새로운학교네트워크 총서 02 | 408쪽 | 값 20,000원

 삶의 시간을 잇는 문화예술교육
고영직 지음 | 292쪽 | 값 16,000원

 세월호가 묻고 교육이 답하다
경기도교육연구원 지음 | 214쪽 | 값 13,000원

 혐오, 교실에 들어오다
이혜정 외 지음 | 232쪽 | 값 15,000원

 미래교육, 어떻게 만들어갈 것인가?
송기상·김성천 지음 | 300쪽 | 값 16,000원
2019 세종도서 교양부문

 혁신교육지구와 마을교육공동체는 어떻게 만들어지는가?
김태정 지음 | 376쪽 | 값 18,000원

 교육에 대한 오해
우문영 지음 | 224쪽 | 값 15,000원

 선생님, 특성화고 자기소개서 어떻게 써요?
이지영 지음 | 322쪽 | 값 17,000원

 혁신교육지구 현장을 가다
이용운 외 4인 지음 | 344쪽 | 값 18,000원

 학생과 교사, 수업을 묻다
전용진 지음 | 344쪽 | 값 18,000원

 배움의 독립선언, 평생학습
정민승 지음 | 240쪽 | 값 15,000원

 혁신학교의 꽃, 교육과정 다시 그리기
안재일 지음 | 344쪽 | 값 18,000원

 교육혁신의 시대
배움의 공간을 상상하다
함영기 외 지음 | 264쪽 | 값 17,000원

 학습격차 해소를 위한 새로운 도전
보편적 학습설계 수업
조윤정 외 지음 | 225쪽 | 값 15,000원

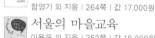 서울의 마을교육
이용윤 외 지음 | 352쪽 | 값 18,000원

 물질과의 새로운 만남
베로니카 파치니-케처바우 지음 | 240쪽 | 값 15,000원

 평화와 인성을 키우는 자기우정
따돌림사회연구모임 우정팀 지음 | 240쪽 | 값 15,000원

 미래교육을 열어가는 배움중심 원격수업
이윤서 외 지음 | 332쪽 | 값 17,000원

● 살림터 참교육 문예 시리즈 영혼이 있는 삶을 가르치는 온 선생님을 만나다!

 꽃보다 귀한 우리 아이는
조재도 지음 | 244쪽 | 값 12,000원

 선생님이 먼저 때렸는데요
강병철 지음 | 248쪽 | 값 12,000원

 성깔 있는 나무들
최은숙 지음 | 244쪽 | 값 12,000원

 서울 여자, 시골 선생님 되다
조경선 지음 | 252쪽 | 값 12,000원

 아이들에게 세상을 배웠네
명혜정 지음 | 240쪽 | 값 12,000원

 행복한 창의 교육
최창의 지음 | 328쪽 | 값 15,000원

 밥상에서 세상으로
김흥숙 지음 | 280쪽 | 값 13,000원

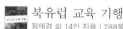 북유럽 교육 기행
정애경 외 14인 지음 | 288쪽 | 값 14,000원

 우물쭈물하다 끝난 교사 이야기
유기창 지음 | 380쪽 | 값 17,000원

 시험 시간에 웃은 건 처음이에요
조규선 지음 | 252쪽 | 값 15,000원

 오천년을 사는 여지
염경미 지음 | 272쪽 | 값 16,000원

 다정한 교실에서 20,000시간
강정희 지음 | 296쪽 | 값 16,000원

● 더불어 사는 정의로운 세상을 여는 인문사회과학 사람의 존엄과 평등의 가치를 배운다

밥상혁명
강양구·강이현 지음 | 298쪽 | 값 13,800원

도덕 교과서 무엇이 문제인가?
김대용 지음 | 272쪽 | 값 14,000원

자율주의와 진보교육
조엘 스프링 지음 | 심성보 옮김 | 320쪽 | 값 15,000원

민주화 이후의 공동체 교육
심성보 지음 | 392쪽 | 값 15,000원
2009 문화체육관광부 우수학술도서

갈등을 넘어 협력 사회로
이창언·오수길·유문종·신윤관 지음
280쪽 | 값 15,000원

동양사상과 마음교육
정재걸 외 지음 | 356쪽 | 값 16,000원
2015 세종도서 학술부문

교과서 밖에서 배우는 철학 공부
정은교 지음 | 280쪽 | 값 14,000원

교과서 밖에서 배우는 사회 공부
정은교 지음 | 304쪽 | 값 15,000원

교과서 밖에서 배우는 윤리 공부
정은교 지음 | 292쪽 | 값 15,000원

한글 혁명
김슬옹 지음 | 388쪽 | 값 18,000원

우리 안의 미래교육
정재걸 지음 | 484쪽 | 값 25,000원

왜 그는 한국으로 돌아왔는가?
황선준 지음 | 364쪽 | 값 17,000원
2019 세종도서 교양부문

공간, 문화, 정치의 생태학
현광일 지음 | 232쪽 | 값 15,000원

인공지능 시대의 사회학적 상상력
홍승표 지음 | 260쪽 | 값 15,000원

동양사상과 인간 그리고 사회
이현지 지음 | 418쪽 | 값 21,000원

장자와 탈현대
정재걸 외 지음 | 424쪽 | 값 21,000원

놀자선생의 놀이인문학
진용근 지음 | 380쪽 | 값 185,000원

포스트 코로나 시대, 예술과 정치
현광일 지음 | 288쪽 | 값 16,000원

좌우지간 인권이다
안경환 지음 | 288쪽 | 값 13,000원

민주시민교육
심성보 지음 | 544쪽 | 값 25,000원

민주시민을 위한 도덕교육
심성보 지음 | 500쪽 | 값 25,000원
2015 세종도서 학술부문

교과서 밖에서 배우는 인문학 공부
정은교 지음 | 280쪽 | 값 13,000원

오래된 미래교육
정재걸 지음 | 392쪽 | 값 18,000원

대한민국 의료혁명
전국보건의료산업노동조합 엮음 | 548쪽 | 값 25,000원

교과서 밖에서 배우는 고전 공부
정은교 지음 | 288쪽 | 값 14,000원

전체 안의 전체 사고 속의 사고
김우창의 인문학을 읽다
현광일 지음 | 320쪽 | 값 15,000원

카스트로, 종교를 말하다
피델 카스트로·프레이 베토 대담 | 조세종 옮김
420쪽 | 값 21,000원

일제강점기 한국철학
이태우 지음 | 448쪽 | 값 25,000원

한국 교육 제4의 길을 찾다
이길상 지음 | 400쪽 | 값 21,000원
2019 세종도서 학술부문

마을교육공동체 생태적 의미와 실천
김용련 지음 | 256쪽 | 값 15,000원

교육과정에서 왜 지식이 중요한가
심성보 지음 | 440쪽 | 값 23,000원

식물에게서 교육을 배우다
이차영 지음 | 260쪽 | 값 15,000원

왜 전태일인가
송필경 지음 | 236쪽 | 값 17,000원

한국 세계시민교육이 나아갈 길을 묻다
유네스코태평양 국제이해교육원 지음 | 260쪽 | 값 18,000원

**코로나 시대,
마을교육공동체 운동과 생태적 교육학**
심성보 지음 | 280쪽 | 값 17,000원

● 평화샘 프로젝트 매뉴얼 시리즈 학교폭력에 대한 근본적인 예방과 대책을 찾는다

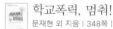
학교폭력 어떻게 만들어지는가
문재현 외 지음 | 300쪽 | 값 14,000원

아이들을 살리는 동네
문재현·신동명·김수동 지음 | 204쪽 | 값 10,000원

학교폭력, 멈춰!
문재현 외 지음 | 348쪽 | 값 15,000원

평화! 행복한 학교의 시작
문재현 외 지음 | 252쪽 | 값 12,000원

왕따, 이렇게 해결할 수 있다
문재현 외 지음 | 236쪽 | 값 12,000원

마을에 배움의 길이 있다
문재현 지음 | 208쪽 | 값 10,000원

젊은 부모를 위한 백만 년의 육아 슬기
문재현 지음 | 248쪽 | 값 13,000원

별자리, 인류의 이야기 주머니
문재현·문한뫼 지음 | 444쪽 | 값 20,000원

우리는 마을에 산다
유양우·신동명·김수동·문재현 지음
312쪽 | 값 15,000원

동생아, 우리 뭐 하고 놀까?
문재현 외 지음 | 280쪽 | 값 15,000원

누가, 학교폭력 해결을 가로막는가?
문재현 외 지음 | 312쪽 | 값 15,000원

코로나 19가 앞당긴 미래, 마을에서 찾는 배움-길
문재현 외 지음 | 308쪽 | 값 16,000원

● 남북이 하나 되는 두물머리 평화교육 분단 극복을 위한 치열한 배움과 실천을 만나다

10년 후 통일
정동영·지승호 지음 | 328쪽 | 값 15,000원

선생님, 통일이 뭐예요?
정경호 지음 | 252쪽 | 값 13,000원

분단시대의 통일교육
성래운 지음 | 428쪽 | 값 18,000원

김창환 교수의 DMZ 지리 이야기
김창환 지음 | 264쪽 | 값 15,000원

한반도 평화교육 어떻게 할 것인가
이기범 외 지음 | 252쪽 | 값 15,000원

포괄적 평화교육
베티 리어든 지음 | 강순원 옮김 | 252쪽 | 값 17,000원

● 창의적인 협력 수업을 지향하는 삶이 있는 국어 교실 우리말 글을 배우며 세상을 배운다

중학교 국어 수업 어떻게 할 것인가?
김미경 지음 | 340쪽 | 값 15,000원

토론의 숲에서 나를 만나다
명혜정 엮음 | 312쪽 | 값 15,000원

토닥토닥 토론해요
명혜정·이명선·조선미 엮음 | 288쪽 | 값 15,000원

인문학의 숲을 거니는 토론 수업
순천국어교사모임 엮음 | 308쪽 | 값 15,000원

어린이와 시
오인태 지음 | 192쪽 | 값 12,000원

수업, 슬로리딩과 함께
박경숙 외 지음 | 268쪽 | 값 15,000원

언어던
정은균 지음 | 268쪽 | 값 15,000원
2019 세종도서 교양부문

민촌 이기영 평전
이성렬 지음 | 508쪽 | 값 20,000원

감각의 갱신, 화장하는 인민
남북문학예술연구회 | 380쪽 | 값 19,000원

참된 삶과 교육에 관한
생각 줍기